LE VERBE

DANS LES

LANGUES DRAVIDIENNES

TAMOUL, CANARA, TÉLINGA

MALAYALA, TULU, ETC

PAR

Julien VINSON

MEMBRE DE LA SOCIÉTÉ D'ANTHROPOLOGIE DE PARIS

PARIS

MAISONNEUVE ET Cie, LIBRAIRES-ÉDITEURS

25, QUAI VOLTAIRE, 25

—

1878

LE VERBE

DANS LES

LANGUES DRAVIDIENNES

TAMOUL, CANARA, TÉLINGA

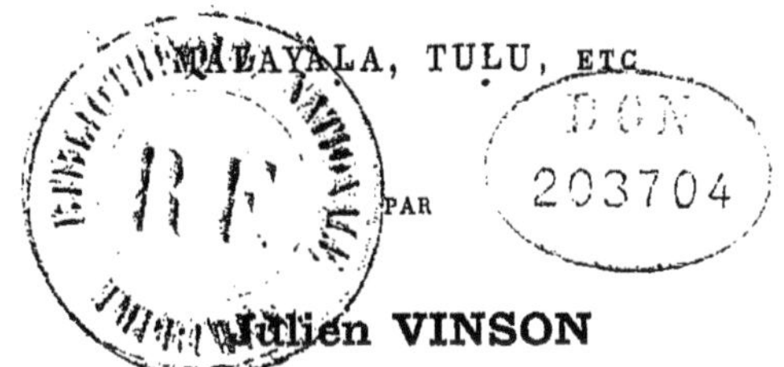

MALAYALA, TULU, ETC.

PAR

Julien VINSON

MEMBRE DE LA SOCIÉTÉ D'ANTHROPOLOGIE DE PARIS

PARIS

MAISONNEUVE ET Cie, LIBRAIRES-ÉDITEURS

25, QUAI VOLTAIRE, 25

—

1878

ORLÉANS, IMP. DE G. JACOB, CLOITRE SAINT-ÉTIENNE, 4.

Le 6 avril 1861, nous quittions Karikal ; un petit
nombre d'amis, quelque peu jaloux de nous voir reprendre
le chemin de l'Europe, nous avaient accompagnés jusqu'au
port. Avec eux venaient quelques Indiens dévoués, parmi
lesquels je saluais avec plaisir mon excellent maître de
tamoul depuis deux années, le savant et modeste Aiyâçâ-
minâyakkar, dont j'ai appris, il y a peu de temps, la
mort prématurée. Pendant la traversée, je voulus résumer
mes connaissances, et je mis en ordre, sous la forme
d'une « grammaire raisonnée », mes notes et mes sou-
venirs.

Lorsqu'on m'a fait l'honneur de me demander pour la
Revue de linguistique un travail d'ensemble sur le verbe
dravidien, j'ai dû reprendre ce travail, ancien déjà, et y
rechercher bien des faits oubliés, bien des remarques
perdues de vue. Cette lecture n'a pas été sans charme ;
si j'ai parfois souri de certaines réflexions naïves et du

manque absolu de méthode linguistique (car je n'étais
point alors au courant des progrès de la science linguistique en Europe), je me suis reporté par la pensée aux
jours heureux où j'étudiais les vieux classiques tamouls à
l'ombre des multipliants séculaires, où je consultais les
brahmes sous les portiques des chauderies en briques
rouges. Que d'événements, que d'accidents, que de mé-
comptes depuis ces dix-huit années !

Quoi qu'il en soit, c'est à l'aide de ces notes, com-
plétées par la lecture des principales grammaires indigènes
ou dues à des auteurs européens, et surtout de l'excellent
ouvrage général du docteur Caldwell, qu'a été rédigée
l'esquisse qu'on vient de lire. Je ne me dissimule ni les
imperfections, ni les défauts d'un travail un peu hâtif,
entrepris dans des circonstances pénibles, au milieu de
soucis de diverses natures, et entrecoupé par les exigences
d'occupations absorbantes ; aussi ne puis-je que solliciter
toute l'indulgence du lecteur. Peut-être me sera-t-il possible un jour de compléter et de corriger mon œuvre, si
le sort m'accorde enfin la vie calme et régulière que j'ai
toujours rêvée...

Me si fata meis paterentur ducere vitam
Auspiciis, et sponte mea componere curas !

Julien VINSON.

Bayonne, le 25 juin 1877.

INTRODUCTION.

Avant de commencer l'examen de la conjugaison du tamoul et des autres idiomes du sud de l'Inde, ses congénères, il me paraît utile de rappeler, en quelques mots, l'importance de ces langues, et de montrer quelle peut être, au point de vue scientifique, l'utilité de leur étude. Je ne m'occupe pas des avantages que cette étude peut présenter à d'autres points de vue, bien que, sur le terrain matériel et pratique, il soit toujours nécessaire d'apprendre des langues d'avenir, parlées par près de cinquante millions d'hommes, dont un nombre encore important habite des territoires appartenant à la France et qui tendent de jour en jour à reconquérir leur indépendance par des moyens pacifiques et à reconstituer, dans d'autres conditions morales, une nationalité distincte.

On sait que les dialectes aryens sont d'importation relativement récente dans l'Inde. Lorsque les Aryas, chassés de leur patrie d'origine par des causes encore ignorées, descendirent dans les vallées qu'arrose l'Indus, il y avait vraisemblablement longtemps déjà que les régions envahies par eux étaient peuplées d'êtres humains quelque peu civilisés. Le flot sans cesse renouvelé de la race immigrante, dont la force d'expansion et la puissance colonisatrice étaient encore plus irrésistibles qu'aujourd'hui, se répandit de proche en proche jusqu'à la pointe méridionale extrême, que les conquérants baptisèrent « le cap de la Vierge ». Ils poursuivirent même jusque dans la grande île, appelée aujourd'hui Ceylan, les peuplades aborigènes, qu'ils finirent très-vraisemblablement par supplanter entièrement. De ces tribus, sans doute fort diverses, les langues seules sont restées. Retrouvera-t-on chez certaines troupes sauvages actuelles quelques vestiges des traits et des mœurs des premiers occupants du sol indien? Il est permis d'en douter quand on voit certains de ces groupes ethniques, étudiés de près, se résoudre à d'anciens rameaux détachés des tribus voisines. Tel est, par exemple, le cas des Tudas, dont les coutumes parfois étranges pourraient passer pour originales, si leur idiome n'était un vieux patois canara (Cf. *A phrenologist among the Tudas*, par le col. W. E. Marshall, Londres, 1874, in-8, suivi d'un *Outline of the tuda grammar*, par le d^r G. U. Pope, un des plus habiles dravidistes de nos jours).

Les Aryens n'ont pas tardé à devenir assez maîtres de leur pays d'adoption pour s'en considérer comme les enfants, comme les possesseurs légitimes, et pour traiter fort dédaigneusement les langues anaryennes qui survivaient autour d'eux. Aussi ne s'en occupèrent-ils que fort peu, et donnèrent-ils tous leurs soins à leur idiome national, dont la forme, pour ainsi dire normale, littéraire, était le sanskrit, mais qui, dans l'usage courant, comprenait mille variétés locales, groupées par les grammairiens en six dialectes ou *prâkrits* principaux, savoir : la *mahârâchtrî*,

la *sâurasênî*, la *mâgadhî*, la *pâisatchî* (parlée au Pândi et
au Kêkaya), la *tchulikâ* (parlée aux pays de Nêpala, Kun-
tala et Gandara), et l'*apabhramsâ* (dans l'Abhîra [Ophir?]
et le long de la côte occidentale). Plus tard est venue la
conquête persane et l'invasion musulmane, plus tard encore
la conquête européenne.

Au milieu de toutes ces langues de provenance étran-
gère, on trouve, du nord au sud de l'Inde, à l'état spora-
dique dans le nord et le centre, à l'état de massif compacte
dans le midi, de nombreux idiomes qu'il n'est possible
de confondre ni avec les dialectes aryens modernes issus
directement des anciens prâkrits, ni avec les patois
indoustanis formés d'un mélange de persan et d'aryanisme. Dans la région la plus septentrionale de l'empire
indo-britannique, sur les frontières du Thibet, on trouve
un premier groupe de langues spéciales, alliées les unes
aux autres et plus ou moins apparentées au thibétain.
Plus au midi, à partir de la vallée d'Assam, est un
groupe qu'on a nommé assez improprement Lohitique
(du nom d'un affluent du Burhunpootur), et qu'on a
voulu confondre avec les langues dravidiennes. Il en
diffère pourtant en ce qu'il présente le phénomène
remarquable de « l'intonation », et aussi en ce qu'il est
beaucoup moins agglutinatif que le tamoul ou le canara ;
les principaux langages de la vallée sont le bodo ou
kachari ou dhimal, l'aka, l'abor, le doffla et le miri. Puis
viennent des idiomes qui se rattachent à leurs voisins du
Siam ou de la Birmanie.

Prenant aux monts Naga, et suivant la frontière entre
la Birmanie et l'Inde anglaise, on rencontre le munipori,
puis le luchai nettement agglutinatif, et les dialectes des

Toungtha aux environs des districts montagneux de Chitta-gong. Quant à l'Inde centrale proprement dite, elle comprend deux groupes de langues, dont l'un, formé du gond, du khond, de l'uraon et du rajmahali, a été reconnu dravidien. L'autre groupe constitue la famille dite *kolarienne*, qui se divise en kole ou hô, mundari ou bhumidj, et sânthâli. Le principal de ces idiomes est le sânthâli, qui possède cinq voix, cinq modes, vingt-trois temps, trois nombres et quatre cas dans le développe-ment de sa dérivation verbale. — Nous empruntons les détails qui précèdent à un fort intéressant rapport présenté à la Société philologique de Londres, il y a quelques mois, par M. Cust.

Les langues dravidiennes occupent toute la partie de l'Inde qui s'étend des monts Vindhya et de la rivière Narmadâ au cap Comorin. Dans cette vaste région, elles ne sont pas absolument seules. A l'est l'orissa, à l'ouest le gujarâthe et le marathe empiètent sur son domaine, ainsi que le konkani, qui est un dérivé du marathe. Le sanskrit y est parlé par certains brahmes entre eux ; un portugais corrompu se conserve parmi les mulâtres des colonies européennes où se parlent aussi l'anglais et le français. L'indoustani est l'idiome naturel des musul-mans ; mais nulle part, sauf dans la province d'Haïde-rabad, il ne saurait être considéré comme le langage du pays : celui qui ne parlerait qu'indoustani pourrait sou-vent, dans le sud de l'Inde, être fort embarrassé pour se faire comprendre.

Les langues dravidiennes, autres que les quatre dont nous avons parlé tout à l'heure, sont au nombre de huit principales, savoir : toujours du nord au sud, le canara, le tuḷu, le kuḍagu, le tuda, le kôta, le malayâḷa à l'ouest, le télinga et le tamoul à l'est. Le tuḷu, le tuda, le kuḍagu et le kôta peuvent être considérés comme d'anciens dialectes du canara (1) ; le malayâḷa n'est qu'un rameau très-anciennement détaché du tamoul. Le vieux canara et le vieux tamoul ont bien des points de contact. Le télinga reste isolé. L'ensemble des populations qui parlent les diverses langues dravidiennes est évalué, par le docteur Caldwell, d'après le recensement de 1871, à environ quarante-six millions d'hommes, dont trente se servent, soit du télinga, soit du tamoul.

Le groupement des langues dravidiennes en deux grandes divisions (tamoul-canara et télinga) s'accorde avec l'appellation *ândhra-draviḍa-bhâchâ* des écrivains sanskrits, qui nomment ândhra le télinga et draviḍa le tamoul. Le brahmane Kumârilabhaṭṭa, qui vivait au VIIe siècle de l'ère chrétienne, cite plusieurs mots dravidiens, par exemple, *tchôr* « riz cuit », *naḍer* « voie », *pâmp* « serpent », *vâir* « ventre », *âḷ* « affixe féminin ». Ce passage a été signalé par M. Burnell, dans l'*Indïan Antiquary*, de Bombay (t. I, p. 309-310, numéro d'octobre 1872). M. Caldwell fait remarquer que tous les mots cités par Kumârila-svâmin sont tamouls : *çôr'u* « riz

---

(1) Les Tudas et les Kôtas sont deux des cinq tribus qui habitent les Nilgherries (Nîlagiris). Les autres sont les Kurumbas et les Iruḷas, qui parlent un dialecte tamoul, et les Baḍagas (Burgher des Anglais), immigrés récemment, après la chute du royaume de Vijayanagara, dont le langage est un dialecte ancien, mais bien caractérisé, du canara. Le recensement de 1871 donne les chiffres de population suivants : Tudas, 639 ; Kotas, 1,112 ; Kurumbas, 613 ; Iruḷas, 1,470, et Baḍagas, 19,476. (Cf. *An account of the primitive tribes and monuments of the Nîlagiris*, by J. Wilkinson Breeks, London, 1875.)

cuit », *naḍei* « marche », *pâmbu* « serpent », *vayir'u* « ventre », et par exemple *pôn-âḷ* « elle alla ». D'autres expressions sont citées, paraît-il, par les pèlerins chinois qui parcoururent l'Inde au commencement du VIIe siècle.

Les premiers Européens qui aient étudié les langues dravidiennes furent les jésuites portugais établis dès le XVIe siècle sur la côte occidentale. Ils avaient fondé, à Ambalakkâḍu, un peu au nord d'Angamale, un séminaire où l'on apprenait le tamoul : en 1577, ils publièrent une *Doctrina christiana* dans cette langue ; les exemplaires en ont depuis longtemps disparu. A la fin du seizième siècle et au commencement du dix-septième vinrent dans l'Inde deux jésuites dont la réputation y subsiste encore. Le premier, Robert de Nobili, neveu du cardinal Bellarmin, est connu sous le nom tamoul de Tattuvapôdagarçuvâmi (Tatva-bôdhaka-çvâmin), et le second, Constant-Joseph Beschi, sous celui de Vîramâmuni. Ils avaient parfaitement appris, l'un et l'autre, le sanskrit et les principaux idiomes littéraires du sud de l'Inde ; ils ont laissé de nombreux écrits. Nobili a composé ce fameux *Ezourvêdam* qui trompa Sainte-Croix et Voltaire. Le 9 juillet 1706 débarquait à Tranquebar le missionnaire protestant Barthélemy Ziegenbald, auquel on doit la première grammaire dravidienne connue (*Grammatica Damulica*, Halle, 1716). Depuis cette époque, on compte, à ma connaissance, cent quarante ouvrages relatifs à l'enseignement. des langues dravidiennes, dont quatre composés par un Italien (Beschi), neuf par des Français, trente et un par des Allemands et quatre-vingt-un par des Anglais (1).

(1) En ajoutant à ces nombres ceux des manuscrits inédits prove

La plupart de ceux qui cultivent aujourd'hui cette branche de la linguistique sont des missionnaires. Les prêtres catholiques français s'occupent surtout du tamoul ; les ministres anglicans, du tamoul et du télinga. La Société évangélique de Bâle possède à Mangalore, sur la côte malabare, un grand établissement d'où rayonnent de nombreux pasteurs d'origine suisse ou allemande, qui s'adonnent avec une ardeur remarquable à l'étude du canara, du tuḷu, du malayâḷa et des autres langues et dialectes de l'Inde occidentale. Outre les divers livres spéciaux, un ouvrage d'ensemble, dû au Dr Caldwell, a été publié en 1856, et réimprimé, avec des additions considérables et des remaniements importants, en 1875, à Londres, sous le titre de *Comparative Grammar of the Drâvidian or South-Indian family of languages.* Il n'y a d'autre reproches à faire à l'auteur que ses tendances « touranistes » excessives et sa préoccupation à chercher des analogies dravidiennes dans les diverses langues du globe, voire même en hébreu. J'ai rendu compte de cet excellent ouvrage dans un des derniers numéros de cette *Revue.*

Je n'insiste pas sur les caractères généraux des idiomes dont je m'occupe en ce moment ; ce sujet a été fort bien traité d'ailleurs par M. Abel Hovelacque, dans sa remarquable *Linguistique* (Bibliothèque des sciences contemporaines). Je me bornerai, pour faire ressortir l'importance scientifique de ces idiomes, à rappeler qu'ils sont nettement agglutinants, mais assez pauvres en formes gram-

nant principalement du dernier siècle et des articles de journaux et revues, la proportion ci-dessus ne serait changée qu'à l'avantage des travailleurs français.

maticales : le verbe notamment y est d'une simplicité extrême. Le dravidien a été évidemment arrêté à une période peu avancée de sa seconde évolution. De plus, il a, depuis un nombre considérable de siècles, subi l'influence puissante d'idiomes supérieurement organisés ; il a vécu et commencé à décroître pêle-mêle avec des dialectes aryens sur lesquels il a nécessairement réagi à son tour : ce serait un travail fort intéressant que la recherche des altérations éprouvées ainsi par les dérivés du sanskrit védique.

En résumé, et comme on l'a vu plus haut, le grand intérêt des langues dravidiennes est qu'elles sont à peu près la seule chose qui soit parvenue jusqu'à nous des races préaryennes de la péninsule cis-gangétique. Leur vocabulaire, soigneusement épuré, pourra seul jeter quelque lumière sur l'état social de ces races, qui nous apparaît déjà comme très-peu avancé. Quoi qu'il en soit, la littérature des langues dravidiennes ne peut, à ce point de vue, rien nous apprendre ; car les peuples qui les parlent étaient depuis longtemps organisés quand ils ont commencé à écrire. Il n'y a donc pas de littérature dravidienne originale.

Est-ce à dire que les très-nombreux ouvrages tamouls, télingas, canaras, malayâlas même, que nous possédons (car le tuḷu, le kuḍagu et les autres langues secondaires n'ont rien produit) doivent être dédaignés et n'offrent aucun intérêt ? On se tromperait tout à fait si on les jugeait indignes d'attention. Ils méritent d'être lus, au moins au même titre que les écrits en langue sanskrite de second ordre. Souvent même, ils seront plus utiles qu'eux. C'est en quelque sorte une forme locale, un développement spécial du fonds littéraire de l'aryanisme. Les Dravidiens ont par exemple composé des traités de morale qu'aucun ouvrage sanskrit ne surpasse. Certaines sectes religieuses, celle des Çivaïstes notamment, et certaines hérésies, comme celle des Djâinas, ont plus souvent pensé en tamoul qu'en sanskrit. Enfin les dialectes méridionaux ont parfois conservé des traductions dont les originaux sanskrits se sont perdus ; d'autres fois, ils complètent et expliquent leurs prototypes, ou comblent heureusement les lacunes de nos connaissances sur la philosophie et la science des hommes du nord. J'ai fait voir dernièrement comment M. Burnell a retrouvé, dans une vieille grammaire tamoule, le *tolkâppiyam,* les habitudes et les préceptes généraux de l'école didactique âryenne d'Indra.

Le nombre des livres tamouls, canaras, télingas et malayâlas est très-considérable. M. Murdoch a publié à Madras, en 1866, une sorte de catalogue des livres tamouls imprimés parvenus à sa connaissance. Sans compter les publications modernes de propagande religieuse, il énumère 699 ouvrages, dont 444 de philosophie et de théologie, 57 de droit et de morale, 43 de médecine, 145 de poésie dramatique et épique ou de contes populaires. Or, on est encore loin d'avoir imprimé la totalité des ouvrages conservés depuis les siècles précédents. Il ne faut pas perdre de vue non plus que beaucoup de livres, et des plus anciens, ne sont pas arrivés jusqu'à nous ; il en est dont on ne connaît que les titres, et d'autres dont on n'a gardé que de courtes citations isolées. Le plus ancien livre tamoul que l'on connaisse remonte, suivant M. Caldwell, au VIIIe siècle environ de notre ère ; le plus vieux livre canara, d'après M. Kittel, doit dater du IXe ou du Xe siècle ; le plus vieux livre télinga n'est guère antérieur au XIIIe siécle; et, si l'on en croit M. Gundert, le malayâla n'offre pas de monument littéraire antérieur de plus de deux ou trois cents ans à l'arrivée des Portugais.

Je reconnais volontiers, du reste, qu'en général la littérature dravidienne, en dehors des traités didactiques ou moraux, est d'une lecture pénible. Comme pour les écrits de la décadence sanskrite, la forme y prend une importance capitale, et souvent le sens y est sacrifié à l'harmonie. Une suprême élégance est celle qui fait rimer (c'est-à-dire proprement consonner) le plus de syllabes possible de tous les vers de la strophe. L'abus des figures de rhétorique est aussi très-fatigant ; et les descriptions, d'une minutie ridicule, sont aussi monotones qu'extravagantes et interminables. Enfin, le respect pour les œuvres des maîtres, des anciens poètes, est tel qu'on a pris leurs fantaisies pour règle, et qu'on a libellé à l'usage des nouveaux venus un programme minutieux, dont il leur est sévèrement interdit de s'écarter. Il est résulté de cette réglementation et de ces habitudes que, pour faciliter le travail des lecteurs, et aussi des compositeurs, on a rédigé une foule de petits traités faits à la façon de nos aide-mémoire ou de nos dictionnaires des rimes et des synonymes. Je pense être agréable à mes lecteurs en leur traduisant ci-après un de ces traités. C'est le recueil des comparaisons classiques, des métaphores dont sont susceptibles les membres du corps de la femme. Il est indispensable de l'avoir lu pour comprendre qu'une « lune brillante où resplendit un grain de sésame au-dessus d'un lit de corail, où s'agitent deux cyprins meurtriers sous un arc descendu d'un noir

nuage » est tout simplement un beau visage, avec un nez
bien fait et des lèvres vermeilles, avec des yeux vifs sous
un front pur surmonté d'une épaisse chevelure noire. —
L'auteur de ce petit poème, qui date du dernier siècle, est
un certain Tiruvengaḍeiyâr‌ de Villipputûr.

1. « O femme à la chevelure épanouie (1), semblable
en beauté aux pétales des fleurs, je vais dire, en paroles
anciennes (2), après avoir vénéré le guru Kûra, toutes
les variétés de comparaisons dont sont susceptibles, de
la tête aux pieds, celles qui ressemblent à la montagne
du pieux et inconstant [roi] tamoul [de Maduré] (3).

2. « On assimile leur fraîche chevelure à un nuage, à
l'aréquier, au fruit vert du *kon'd'ei* (4), à la nuit, à un
bosquet, à du sable noir, à un essaim d'abeilles, à la
sâivala (5) ; — on représente leur front brillant par un arc
ou par le blanc croissant [de la lune] ;

3. « Un bel arc, [c'est] leur sourcil ; — quant à l'œil,
appelle-le une abeille, un lotus, un nénuphar bleu, une
flèche mortelle, un *karuviḻei* (6), une mangue verte, un
javelot, l'océan, du poison, de l'ambroisie, un glaive, un
cyprin, une gazelle ;

(1) La plupart des petits poèmes didactiques modernes sont ainsi
ordinairement dédiés à une femme.

(2) C'est-à-dire comme ont parlé les anciens écrivains. Les grammairiens tamouls invoquent toujours les anciens auteurs.

(3) Le royaume de Maduré ou *Pâṇḍi*, cité par les géographes grecs,
est la plus célèbre des trois grandes monarchies du pays tamoul (Sêra,
Sôja et Pâṇḍi).

(4) *Cassia* ou *cæsalpinia*.

(5) *Æschinomene aspera*.

(6) *Clitoria ternatea*.

4. « Pour visage, dis lotus, pleine lune ; — compare l'oreille au *vaḷḷei* (1) ; — une belle paire de ciseaux, une balançoire, un carquois (2), un miroir, une pierre à broyer [représentent] les joues ; — la comparaison du nez est [avec] une jarre rebondie·ou le sésame ;

5. « Un lit, de l'or, du corail, le cotonnier, le citronnier, [telles] sont les lèvres ; — la bouche [est] le nénuphar, le *vîji* (3), le *toṇḍei* (4), le lotus ; — des bouts de piques rapprochées, des perles, des fleurs du *taḷava* (5), de jeunes pousses de palmier, ce sont les dents ; — caractérise le cou en disant un coquillage ou la tige d'un aréquier ;

6. « [Les produits d']un bananier excellent, le suc de la canne à sucre, la mangue, le fruit du jaquier, [le chant de] la *kuil* (6) indicatrice, [le cri de] la perruche, du sucre candi, du *tchíni* (7) que mangent les *Vêḍa* (8), du sucre, du miel pur, de l'ambroisie, du lait, une flûte, un luth (9) : ces quatorze expressions désignent le langage [des femmes] ;

(1) *Convolvulus repens.*

(2) Ne serait-ce pas plutôt « un arc » ? Le texte dit *appunilei ; appu* est la forme adjective de *ambu* « flèche », et *nilei* (de *nil* « stare ») a le sens de « lieu, place, station, demeure ».

(3) *Cleome fruticosa.*

(4) *Bryona grandis.*

(5) *Jasminum trichotomum.*

(6) *Cuculus orientalis.* — Le cri de cet oiseau paraît fort peu agréable aux oreilles européénnes.

(7) D'après le dictionnaire des missionnaires de Pondichéry, « sucre blanc, sucre de Chine ».

(8) Tribus sauvages du pays tamoul méridional, qui vivent principalement, dit-on, du produit de la chasse.

(9) *Kujal, yâj.* J'ai traduit par « flûte, luth » ; mais les instruments indiens ne ressemblent point à ceux des musiciens d'Europe.

7. « Le bambou, la canne à sucre représentent leurs bras ; — l'avant-bras, ce sera le luth *makara* (1) ; — nous appellerons la paume de la main un lotus mielleux [épanoui], un bourgeon de manguier [qui s'ouvre], un beau *kândaḷ* (2) fleuri ; — les doigts seront des *kéḷir'u* (3) ; — et nous comparerons les ongles aigus de ces doigts au nez d'une verte perruche ;

8. « Un beau bouton de fleur, un jeu de dés, un *kiṇṇam* (4), le jeune fruit du palmier, une tasse, une couronne, le bourgeon d'un cotonnier, une cymbale, une bulle d'air sur l'eau, une cassette, un lotus fleuri, une toupie, une montagne, un coco tendre, une balle à jouer, un oiseau *tchakôra* (5), un petit vase arrondi, une cruche, un gingembre vert, le vase où boivent les éléphants :

9. « Ces vingt expressions représentent le beau sein ; — le bout du sein [est une fleur de] nénuphar bleu ; — un vaste globe est le ventre ; — le nombril est une fleur du *magij* (6) ou un tournant d'eau qui s'étend ; — prends un degré d'escalier ou une large vague écumante pour le pli de l'aine tant vanté ;

10. « Pour la touffe de poils qui suit, [les poètes] mettront une fourmilière, un essaim d'abeilles, un amas

___

(1) *Makara yâj*. — Les Tamouls comptent quatre espèces de *yâj* : le *pêriyâj* « grand luth », *tchakôra yâj* « luth en forme de perdrix », *makara yâj* « luth en forme du poisson mythologique Makara », *seṅkôṭṭiyâj* « luth en forme de *costus arabica* (?) ».

(2) *Gloriosa superba*.

(3) Sorte de poisson, *silurus vittates*.

(4) Vaste bassin de cuivre.

(5) Sorte de perdrix rouge.

(6) *Minusops elengi*.

de perles brillantes, la chaîne dont on entoure les pieds des criminels, le poteau où l'on attache les éléphants, une grosse pierre précieuse et la tige longue du lotus ;

11. « Au lieu de la taille inappréciable, dis un serpent, une liane verte, un rameau fleuri, le corps de Kâma (1), une fente prolongée, la longueur que peut mesurer la main ouverte, le premier aspect du croissant lunaire, l'éclair, la durée d'un coup d'œil et un lion meurtrier ;

12. « La partie visible des organes du sexe sera, avec une source, une feuille de multipliant, une roue pleine, la plate-forme circulaire d'un char entouré de pavillons d'or, un serpent subtil, un petit éventail rond qui ombrage la terre, une couronne ; — au lieu du *pudendum muliebre* (2), préfère [dire] la corne du pied d'un cerf ;

13. « Un ferme bananier, une trompe d'éléphant, telle est la cuisse ; — le genou brillant ressemble à la pleine lune ; — la jambe est semblable à un bambou, au carquois qui renferme les flèches funestes, au petit du *varâl* (3), à la trompette *kâhaḷa* ;

14. « Les deux chevilles ressemblent à une balance portative ; — les deux talons à des balles qu'on fait pirouetter ; — un livre (4) où s'écrivent des chefs-

----

(1) Le texte dit *Mâra* « le meurtrier ». La comparaison signifie que la taille n'existe pas, le corps de Kâma ou Manmatha ayant été jadis brûlé d'un coup d'œil de Çîva, un jour qu'il avait osé s'attaquer à ce dieu redoutable.

(2) Littéralement *peṇkur'i* « le signe de la femme ».

(3) Le poisson *ophicephalus striatus*. Le mot « petit », *kan'd'u*, est dans le texte.

(4) *Puttagam*, transcription du sk. *pustakam ;* la pron. vulg. est *postekon*, avec *e* français de *je* à la seconde syllabe et *on* nasale à la dernière (prononciation de Pondichéry).

d'œuvre, une tortue, servent de comparaison au dessus
du pied ; — les doigts ressemblent au corail qui se
ramifie ;

15. « Aux ongles aigus du corail de ces doigts, le
blanc croissant de la lune, des perles, les pétales bril-
lants des nénuphars alignés, sont semblables ; — le
pied [des belles], dont la nature est de s'avancer, se
compare au duvet parfumé des cygnes, à l'*anitcha* (1), à
l'*açôka* (2), au lotus, au cotonnier, aux pousses du
manguier ;

16. « Leur marche [est celle] d'un cygne au tendre
duvet, d'un éléphant femelle à la trompe pendante ; —
elles se balancent, ô douce ambroisie, à la manière des
paons ; ô toi, dont les bijoux sont si beaux ! — leurs
corps sont de jeunes fleurs de manguier ou des fleurs de
tchampâka (3) ; — les belles taches jaunâtres de leurs
corps [ressemblent] aux raies [de la peau] d'un tigre ou à
l'or pur ».

Aucun poème épique tamoul ne saurait être utilement
traduit en français dans son intégrité. La meilleure
manière de le présenter à un public européen est d'en
faire une analyse détaillée, en y intercalant de loin en
loin les passages dignes d'être littéralement traduits.
J'ai fait connaître de cette façon le premier chant de
l'époque djâiniste, le *Çindâmaṇi*, dans la *Revue orientale*,

(1) Je ne retrouve pas le nom scientifique de cette plante. Les
poètes en disent la fleur si délicate qu'elle se flétrit lorsqu'on la
flaire.
(2) *Uvaria longifolia.*
(3) *Michelia champaka.*

numéro de novembre 1866. On trouve en effet, dans les chefs-d'œuvre de la poésie tamoule, de fort belles strophes, plus nombreuses naturellement dans les plus anciens poèmes. Je demande la permission d'en citer ici trois ou quatre des plus remarquables ; la dernière sera grammaticalement analysée :

Célvappôrkkadakkaṇṇançéyirttér'indaçinavâ......ji
Mulleitlârmar'amannarmuḍittaleiyeimur'ukkip...pô
Yelleitîrviyan'koṇmûviḍeinujeiyumadiyampô ....n'
Mallalôngéjilyân'eimarumampâyndoḷitta.........dê

(Auteur inconnu.)

« Le disque furieux (1) lancé, dans sa colère, par le prince aux yeux irrités dans la bataille heureuse, s'en allait coupant les têtes couronnées des rois vaillants qui portaient des guirlandes de *mullei*. Tel que la lune qui pénètre au milieu d'un épais nuage sans limites, il s'élança sur le poitrail d'un superbe éléphant plein de force, et y disparut ».

Kambamadamâkkaḷiyâneikkâvat'çanaganpet't'édut........ta
Kombumin'd'enpàlvandukur'uginâḷen'd'uḷaṅkuḷirndê......n
Vambuçér'indamalarkkôyinmar'eiyônpaḍeittamânilatti....t'
T'amb'yuḷḷânpaḍeïkkañjân'én'n'umât't'antandan'eiyâ.....l

(Râmâyaṇa de Kamba, liv. VI.)

« La liane enfantée par Djânaka, qui garde d'ardents éléphants mâles attachés au poteau, est venue aujourd'hui me rejoindre ; à cette pensée, mon cœur se rafraî-

---

(1) Cette arme épouvantable était percée à son centre d'un trou rond où passait le bâton à l'aide duquel on la lançait.

chit. Tu m'as donné le droit de dire que, sur le vaste sol
créé par le pieux auteur des Vêdas qui siége au milieu des
fleurs parfumées, celui qui a un jeune frère ne saurait
craindre ses ennemis ».

Maṇipureiyarumbivânmînvaḍivoḍumalarnduvéṇmu . . .t
Taṇipureimaṇańkoḍênpeyyajagalaran'd'uvâḍi. . . . . . .t
Tuṇipureikŷjvîjndâyatûḷin'eikkaṇḍuñçan'ṁa. . . . . .p
Piṇipureipiṇittanâmôpêrkkilâvâjdumen'bâ. . . . . .m

(Auteur inconnu.)

« Les belles fleurs qui donnent un miel parfumé en
gouttelettes semblables à des perles, après s'être montrées
en boutons semblables à des pierres précieuses et s'être
épanouies avec l'éclat des astres du ciel, se flétrissent un
jour, tombent en morceaux, et nous voyons la poussière
qui en résulte : pouvons-nous donc, nous qui souffrons du
mal de la naissance, dire que nous vivrons éternellement
heureux ? »

Man'n'unîrmokkuḷokkumân'iḍariḷeimeiyin'. . . . . .ba
Min'n'inottir'akkuńçélvamvéyilur'upaniyinîn . . . . . . .gu
Min'n'içeiyirańgunalyâjinivinuminiyaçol. . . . . .lâ
Yun'n'adâlvin'eiyin'âkkamajuńgubaden'n'eiyén'd'â . . .n'

(*Tchintâmaṇi* [Çindâmaṇi].)

Analyse. — *Man'n'u* pr. *man'n'um* (chute de *m* devant
n), part. aor. de *man'gir'adu* « être, *stare* » ; — *nîr*
« eau » (sk. *nîra*); — *mokkuḷ* « bulle d'air » ; — *okkum*,
3ᵉ pers. sing. n. du fut. aor. de *okkir'adu* « égaler » ; —
mâniḍar, plur. de *mâniḍa-n' (manushya)* « homme » ;
— *iḷeimei* « jeunesse » ; — *in'bam* « plaisir » ; — *min'*
« éclair » ; — *in'*, particule de comparaison ; — *ottu*,

part. pas. d'*okkir'adu ;* — *ir'akkum,* 3ᵉ pers. sing. n. du fut. aor. de *ir'akkir'adu* « mourir, périr » ; — *çélvam* « bonheur » ; — *véyil* « soleil » ; — *ur'u* ou *ur'um,* part. aor. de *ur'ugir'adu* « approcher » ; — *pan'i* « rosée » ; — *in',* partic. de compar. « comme » ; — *nîngum,* 3ᵉ pers. sing. n. du fut. aor. de *nîngir'adu* « s'éloigner » ; — *'in',* adj. « doux » ; — *içei* « son » ; — *irangum,* part. aor. de *irangugir'adu* « retentir » ; — *nal,* adj. « bon » ; — *yâj* « luth » ; — *inivu* « douceur » ; — *in,* partic. de compar. ; — *um* « et, même » ; — *iniya,* adj. « doux » ; — *çollây* « toi qui as la parole », vocatif de *çollâl* « celle qui a la parole », de *çol* « parole, mot » et *âl,* affixe féminin (ou plutôt nom composé de *çol* et de *ây,* suffixe de la 2ᵉ pers. sing.) ; — *an'n'adu* « ce qui est semblable, tel, pareil », forme participiale ; — *âl* « par, si » ; — *vin'ei* « activité, peine » ; — *in'* « de » ; — *âkkam* « augmentation » ; — *ajungubadu,* nom verbal de *ajungugir'adu* « pleurer, craindre » ; — *en'n'ei* « pourquoi » ; — *en'd'ân',* 2ᵉ pers. sing. m. du prét. de *en'gir'adu* « dire ».

Traduction. — « La jeunesse de l'homme est comme une bulle d'air sur l'eau ; le plaisir périt avec la rapidité de l'éclair ; le bonheur se dissipe comme la rosée à l'approche du soleil. O toi ! dont les paroles sont plus douces que l'harmonie d'un luth aux sons mélodieux, pourquoi, puisqu'il en est ainsi, te désoler de ce surcroît de peines ? » dit-il.

LA CONJUGAISON

DANS LES LANGUES DRAVIDIENNES

Je ne prétends point traiter avec tous les détails qu'ils comporteraient les importants problèmes que soulève le grave sujet de cette étude. Je me propose seulement d'en présenter une esquisse sommaire, un tableau d'ensemble, qui puisse donner une idée de la structure propre au système de langues qui vivaient dans le sud de l'Inde pendant que les Aryas occupaient encore les hauteurs de l'Asie centrale. Ce travail est donc principalement scientifique, et pourtant j'ose espérer qu'il sera utile, même au point de vue pratique : il est toujours bon de se rendre compte du comment et du pourquoi des phénomènes linguistiques, et la méthode n'est jamais de trop quand il faut saisir les caractéristiques, les originalités d'un idiome qu'on se propose, suivant la définition vulgaire, « de parler et d'écrire correctement ».

Le cadre de cet essai est tracé par la nature même du sujet. Qu'est-ce, en effet, que le verbe ou, plus exactement, que la conjugaison ? Seulement l'expression simultanée de relations suivant le temps ou l'espace ; de là deux éléments propres à toute dérivation verbale : l'élément temporel, le signe du temps, et l'élément d'espace, l'élément sur lequel porte la relation exprimée, l'élément personnel, le signe de la personne. *Temps* et *personne*, voilà en quoi la conjugaison diffère de la déclinaison, car celle-ci ne s'occupe que du lieu, de la place du sujet. Mais cela n'est pas tout ; l'élément personnel peut être intéressé de deux façons différentes : il peut être agent ou patient, sujet ou régime ; d'autre part, le temps peut être divers et peut au moins offrir les trois alternatives de présent, passé et futur. Enfin, l'idée significative dont les relations sont à exprimer peut varier dans sa nature intime au point d'être positive, précise, concrète ou abstraite, vague, contingente ; il y aura par suite de ce chef à rendre ce que j'appelle les relations d'état et qu'expriment les variations formelles connues sous le nom de *modes*. La conjugaison peut avoir à traduire encore d'autres idées pour ainsi dire subordonnées, accessoires, celles par exemple de causalité, de coercition, de répétition, de continuité, de commencement, d'affirmation, de négation, sans parler des deux grandes divisions connues, des deux principaux points de vue auxquels peut être envisagée l'idée significative, selon qu'elle est considérée comme agissant en dehors d'elle ou comme ayant son objet en elle-même ; c'est ce qu'ont pour but de mettre en relief les *voix* dérivées. De plus, il est parfois nécessaire de tenir compte des nuances de chacun de ces temps, modes, personnes, voix, c'est-à-dire des variations que l'élément significatif qui correspond à chacun d'eux est exposé à subir indépendamment des autres. Il est enfin utile d'exprimer les circonstances qui servent isolément à traduire analytiquement les conjonctions des langues modernes. On voit par là combien est multiple le rôle du verbe et de quelles nombreuses modifications il est susceptible pour présenter simultanément l'idée complexe qui résulte de toutes ces composantes. Nous avons à chercher ici si les langues dravidiennes savent les rendre toutes, comment elles les rendent et par conséquent quelle place elles doivent revendiquer dans la série générale des langues.

§ Ier. — Préliminaires.

Le tamoul, le canara, le télinga et le malayâla sont les plus importantes et les mieux étudiées des langues dravidiennes. Ce sont elles qui me fourniront les éléments principaux de cette étude ; c'est à elles que je voudrais réserver l'épithète de « littéraires » que le docteur Caldwell donne aussi au tuḷu et au kuḍagu ; ces deux derniers idiomes sont d'ailleurs remarquables, le tuḷu surtout, au point de vue linguistique, et je leur emprunterai d'utiles renseignements. Je me bornerai à quelques traits spéciaux, en ce qui concerne le tuda, le kota, le gônd, le khond, le rajmahali et l'urâon : ces patois sont peu connus, et les documents manquent encore. Le tuda a été pourtant l'objet d'un travail grammatical (*Outlines of the tuda grammar*, par le savant G.-U. Pope, dans *A phrenologist among the Tudas,* du colonel W.-E. Marshall. *London,* 1874, in-8 de xx-271 p.) ; mais ce mémoire, d'ailleurs très-sommaire, laisse place à bien des questions que j'essaierai de résoudre un jour (1).

On sait que les douze langues dont je viens de répéter

____

(1) Je ne puis citer, en détail, tous les livres spéciaux que j'ai consultés, outre l'excellent ouvrage d'ensemble de Caldwell ; je dois beaucoup aux grammaires de Ziegenbald (1716), Beschi (1738), Anderson (1821), Rhenius (1836), Graul (*Outlines,* 1856), Dupuis (1863),

les noms n'ont point de système graphique propre. Elles s'écrivent à l'aide de trois alphabets (tamoul, canaro-télinga, malayâla) formés assez tard sur des caractères étrangers et plus ou moins bien adaptés à leur système phonétique. Il en résulte que, dans les transcriptions européennes de ces langues, on peut se trouver embarrassé pour exprimer certaines lettres dont la prononciation varie. Je la résous par une transcription multiple, quand la différence de prononciation est organique ; par exemple je rends par *ai* et *ei* la première diphthongue, par *k* et *g* la première gutturale. En revanche, je ne tiens pas compte des nuances euphoniques évidemment modernes (1), par exemple du *ts* et du *dz*, adoucissements de *tch* et *dj* en télinga devant *a, â, o, ô, au.*

Je transcrirai donc ainsi qu'il suit l'alphabet tamoul qui résume les deux autres : *a, â, i, î, u, û, é, ê, ai (ei), o, ô, au* (2). — *k (g), ç (dj, tch), ṭ (ḍ), t (d), p (b), r' (t', d'); ṅ, ñ, ṇ, n, m, n'; y, r, l, v, j, ḷ.* Si j'avais à m'en servir, je transcrirais *'g* (*g* avec l'esprit rude), l'aspiration explétive que les grammairiens tamouls nomment *âydam.* Le demi-anusvâra du télinga peut être

pour le tamoul; à celles de Carey (1814), Campbell (1816), Brown (1840), pour le télinga; à celles de Carey (1817), Mac-Kerrell (1820), Hodson (1858), G. Würth (1866), P. Kittel (édition d'une grammaire native, 1875), pour le canara; à celles de Peet (1841) et Gundert (1868), pour le malayâla; à celle du col. Cole (1867), pour le kuḍagu, et à celle de Brigel (1872), pour le tuḷu.

(1) J'étudierai prochainement les très-curieuses variations phonétiques dont le tamoul contemporain offre de nombreux exemples.

(2) Ce son est primitivement étranger aux langues dravidiennes. — Le tuda paraît posséder accidentellement *ö* (*eu* de « fleurs ») et *ü* (*u* de « pur »).

représenté par *m* sous-pointé. La consonne que je transcris *j* est le *ḻ'* d'Ariel, *ṟ* de M. Caldwell, *l* avec deux points ou un trait au-dessous de la Mission de Mangalore. Lorsque *ç* est médial et doublé, il se prononce *tch ;* je le transcris alors *ttch* pour marquer la double lettre. — Je représente par *ŭ* l'*u* presque muet du tuḷu.

§ II. — Signes personnels.

Dans aucune langue dravidienne, les éléments personnels ne figurent dans le verbe qu'au sujet, sous une forme réduite de celles des pronoms personnels ou démonstratifs ; ils sont suffixés. Le pronom régime direct ou indirect n'est jamais agglutiné. On sait que les langues dravidiennes ont deux nombres (singulier, pluriel) et trois genres (masculin, féminin, neutre), qui se réduisent à deux au pluriel (masculin-féminin et neutre) (1) : c'est seulement aux troisièmes personnes que les genres sont distingués dans le verbe, comme c'est le cas dans les langues analytiques modernes ; seulement au lieu de « il mange, elle mange », les Dravidiens disent « mange-il, mange-elle ».

Voici quels sont les suffixes pronominaux, toujours rejetés à la fin de l'expression verbale :

(1) On sait que le télinga et le gônd n'ont pas de féminin singulier ; au singulier, tous les noms de femmes sont neutres. Il en est de même pour tous les noms d'enfants dans toutes les langues dravidiennes, au pluriel comme au singulier.

	PREMIÈRE PERSONNE.		DEUXIÈME PERSONNE.	
	Sing.	Plur.	Sing.	Plur.
Tamoul.	ên, en, an.	am, âm, em, êm, ôm.	ây, ôy, ei, i.	ir, îr,
Télinga.	nu, ni, vu, vi.	mu, mi.	vu, vi.	ru, ri,
Canara.	en, en, énu, êne, e.	evu, êvu, êva.	ay, i, î, îye, e.	ir, iri, îri, air.
Malayàla.	ên.	ôm.	ây.	îr.
Tuḷu.	e.	a.	a.	arŭ.
Kuḍagu.	i, e, u.	a, i, u.	iya.	ira.
Tuda.	en, eni, ini.	emi, imi.	i, e.	i, e.
Kôta.	e.	eme, ême.	i.	iri, îri.
Gônd.	ân, na.	âm, am, ôm.	ni, i.	ît.
Khond.	in, iń, e.	âmu.	i.	êru, âru.

TROISIÈME PERSONNE.

	Masc. sing.	Fém. sing.	N. sing.	M. f. plur.	N. plur.
Tamoul.	an, ân.	aḷ, âl.	adu, um.	ar, âr.	a.
Télinga.	nu.	nu.	nu.	ri.	nu.
Canara.	am.	aḷ.	du, tu.	ir, ar.	vu.
Malayàla.	an, ân.	aḷ, âḷ.	adu.	ar, âr.	a.
Tuḷu.	e.	aḷŭ.	dŭ.	arŭ, erŭ.	a.
Kuḍagu.	a, ana, atŭ.	a, ana, atŭ.	atŭ.	ira.	at.
Tuda.	i, adi.	i, adi.	i, adi.	i, adi.	i, adi.
Kôta.	a, o.	a, o.	o, e.	a, o.	a, o.

Ce sont là évidemment les restes des pronoms personnels altérés. On trouve dans les vieux auteurs tamouls des suffixes plus complets : *vâju-nam* « nous vivrons » (*Kur'aḷ*, cxx, 3), et *muḍittu-nâm* « nous avons terminé » (*Râmâyaṇa*, I, vii, 18, et *Tiruviḷeiyâḍal purâṇa*, pays, 4). *Nam* et *nâm* remplacent ici *am, âm* ou *êm*.

On trouve, mais très-rarement, *al* à la première personne du singulier : *viḷambuval* « j'expliquerai » (*Çindâmaṇi*, III, 179); c'est une permutation de *an*.

Les formes brèves sont généralement en tamoul précédées d'un suffixe intercalaire *an* (*naḍandân* et *naḍandanan*) compensatif ; j'aime mieux cette explication que

celle de M. Caldwèll, qui fait de ces formes des participes en *a* avec *n* euphonique ; si *naḍandân* = *naḍan-d-
ân*, *naḍandanan* = *naḍan-d-an-an* et non *naḍan-da-n-an*.
— En tamoul moderne, *adu* est aussi neutre pluriel. En
tamoul ancien, *um*, terminaison neutre du futur, s'emploie
aussi au masculin et au féminin, singulier et pluriel. Au
pluriel neutre, on trouve même *uṅgaḷ* (*gaḷ* est le suffixe
déclinatif de pluralité) ; cf. *Çindamaṇi*, chant IV, st. 17 :
ur'uṅgaḷ « approchez », et chant XIII, *iḍuṅgaḷ* « ils
donneront ».

De pareilles formes en *gaḷ* ont été dérivées pour
toutes les personnes du pluriel dans le dialecte moderne
où le pluriel simple est devenu le singulier honorifique.
Quand on a pris l'habitude de dire *çéydîr* « vous avez
fait » à une seule personne, on a dû dire à plusieurs
çéydîrgaḷ, où le pluriel est marqué deux fois, par *r* et
par *gaḷ*. Les pluriels pléonastiques de deuxième et de
troisième personne en *îrgaḷ*, *árgaḷ* sont prononcés en
tamoul vulgaire comme s'il y avait *îṅgaḷ*, *âṅgaḷ;* on sait
que le pluriel des pronoms personnels était primitivement
en *m* (M. Caldwell voit dans ce *m* un reste de *um* « et ») (1).
En tamoul vulgaire d'ailleurs, ces formes pléonastiques
sont également employées en parlant d'une ou à une seule
personne (2).

(1) Le basque a, dans la suite des temps, réduit son pluriel ancien
de seconde personne à n'être plus que le singulier honorifique, et il a
développé des pluriels pléonastiques. Il dit, par exemple, *zu* « vous »,
et *zuek* « vous plusieurs » ; *dezu* « vous l'avez », et *dezute* « vous,
plusieurs, l'avez ». Il a un suffixe de pluralité, usité seulement devant
les suffixes locaux, qui n'est autre que la copulative *eta* « et ».
(2) Il ne faut pas oublier que les tamouls font entre *nâm* et *nâṅgaḷ*
« nous », une autre différence, dont l'analogue est habituel aux langues

L'emploi respectueux du pluriel pour le singulier est d'ailleurs assez ancien en tamoul. Beschi, dans sa grammaire du haut dialecte, dit le contraire, au moins en ce qui concerne la seconde et la troisième personne. Il affirme n'avoir rencontré qu'un seul exemple du singulier pour le pluriel, à la str. 25 du chant VIII du *Çindâmani,* où la reine Vidjâyâ dit à son fils Djîvaka, dans un violent transport de joie :

Kâṭṭagattummeinîttakayaltiyet'kâṇavandîr
Çêṭṭilamparudimârbit'çîvagaçâmiyî......rê

« *Vous êtes venu* me voir, moi misérable qui *vous* ai abandonné au milieu du bois, *ô vous seigneur* Djîvaka, dont la poitrine est un jeune et resplendissant soleil. »

Je suis étonné de cette affirmation catégorique de Beschi, car je puis citer plusieurs exemples analogues. Pour les trois personnes, on en rencontre dans la troisième partie des *Kur'al* de Tiruvaḷḷuva, dans le *Prabhuliṅgalîlâ,* dans le *Râmayaṇa* de Kamban. Je ne citerai qu'un exemple tiré du *Nâichadha* d'Adivîrarâmapândya (ch. XIV, str. 33) :

Kût't'ur'ajtaḍankaṇâvikoḷḷeikoṇḍuṇṇavê............vi
Mât't'amon'd'ureiyâdinnan'madimugankôṭṭinin'd'îr
Çêt't'idajkamalappôdiltirundijeiyan'eiyîrkâ......da
Lât't'umâr'évan'kolâçeikkadat'padumaliyên't'â..nê

C'est Naḷa qui dit à Damayantî : « *Vous êtes là debout,*

américaines : le premier est inclusif, c'est-à-dire qu'il comprend ceux qui parlent et ceux à qui l'on parle ; le second est exclusif et ne comprend pas ceux auxquels on s'adresse, nuance qui est rendue dans les langues romanes par les composés *nous autres, nosostros, voi altri.*

inclinant votre visage de lune, sans prononcer une seule parole et lançant des regards qui, pareils à la mort, dévorent mon âme, *ô vous qui ressemblez* à la déesse aux beaux bracelets dont la demeure est la fleur du lotus aux pétales épanouies dans la vase ! Comment supporterai-je mes désirs, moi misérable qui me suis plongé dans la mer de la volupté ? ».

L'impératif présente quelques formes particulières dont nous parlerons plus loin (§ IV, modes).

§ III. — Signes temporels.

Dans le verbe dravidien, le temps est marqué par un suffixe spécial qui s'intercale entre le radical et le signe personnel : *çéy* « faire » et *ây* « toi » donnent *çéy-gir'-ây* « tu fais », *çéy-d-ây* « tu as fait ».

Le nombre des temps n'est pas le même dans toutes les langues congénères. Le tamoul et le malayâla n'ont que trois temps (passé défini, présent, futur aoristique) ; le télinga et le canara en ont quatre (passé défini, présent, aoriste, futur) ; le tuḷu en a quatre aussi, mais différents (passé défini, passé indéfini, présent, futur) :

I. *Passé.* — Le signe général du passé est la consonne *d* ou la voyelle *i*. Le tamoul, le canara, le malayâla emploient, suivant les verbes, ces deux terminaisons ; le télinga se sert exclusivement de *i ;* le tuḷu forme son premier passé comme les trois langues ci-dessus, en *d* ou *i*, et son second en ajoutant encore *d* (*itte*, je fus ; *ittŭde*, j'ai été ; *maḷte*, je fis ; *maḷtŭde*, j'ai fait ; *bûriye*, je tombai ; *bûrude*, je suis tombé) ; le gônd a *si* ou *dji* pour le premier passé et *t* pour le second ; le kôta paraît former le passé en *si ;* le tuda emploie *t* (*th* anglais de *thin*) ou *tch :* les signes de ces trois derniers idiomes sont évidemment des dérivés euphoniques des explosives dentales.

Quand emploie-t-on *i ?* Quand emploie-t-on *d ? I* ne sert généralement qu'avec les verbes dont le radical se termine par un *u* euphonique et comprend avec cet *u* au moins deux syllabes, dont la première est longue et dont la dernière consonne n'est ni *l,* ni *ḻ,* ni *r,* ni *j.* D'ailleurs beaucoup de verbes qui ont *i* en canara moderne (*bâḻ-i,* ayant vécu, avaient *d* dans l'ancien dialecte *(bâḻ-du) ;* en tamoul même bien des formes en apparence irrégulières en *d* sont rencontrées chez les auteurs anciens pour des verbes dont le prétérit est généralement en *i.* Ainsi M. Caldwell explique avec raison que les soi-disant impératifs en *di* sont en réalité des prétérits. Quand Gautama dit à Ahalyâ (*Râmâyaṇa,* I, x, 79) : *Vileimagaḻaneiyani-yuṅkalliyalâdi* « deviens nature de pierre, toi qui es semblable à une fille vénale », *âdi* « deviens » est proprement *â-d-i* pour *â-yi-nây* « tu es devenue ». J'ai trouvé l'exemple plus caractéristique encore *pôdây* « tu es allé » ou si l'on veut « va », pour *pô-yi-nây,* dans les *Kur'aḻ* de Tiruvaḷḷuva, chap. CXIII, str. 3 :

Karumaṇiyit'pâvâynîpôdâyâmvîjum
Tirunudat'killeiyiḍa...............m

« O femme qui passe devant la noire prunelle [de mes yeux], va-t-en ; [sans cela] il n'y aurait plus de place pour le front brillant, objet de nos désirs ».

On trouvera d'autres exemples incontestables de prétérits (1) dans les poèmes tamouls : *Naichadha* (IV, 101, 104 ; XXII, 20 ; XXIII, 15), *Ramâyana* (I, XVI, 54 ; VI, XXXI, 87), *Kur'al* (XXV, 9), *Nâladiyâr* (XL, 8).

Les prétendus futurs en *du* et *dum* (*çéydu*, je ferai ; *çéydum*, nous ferons) sont également des prétérits. Dans la première strophe du *Çindâmani*, il faut traduire ainsi le dernier vers : « Nous nous sommes approchés des pieds précieux du dieu chef des dieux », *têvâditêvan'avan' çêvadiçêrduman'd'ê*.

On a supposé que les formes en *i* étaient tronquées de formes précédemment plus complètes en *d* avec *i* de liaison. Cette explication est possible, mais on ne saurait l'admettre que sous bénéfice d'inventaire, car la théorie des lettres de liaison est à la fois trop commode et trop élastique pour suppléer toujours au défaut de preuves directes.

Il est probable néanmoins que le signe général primitif unique était *d*. On trouve aussi par exemple les formes en *di* pour un petit nombre de verbes qui font actuellement, en tamoul, en télinga et en canara, exception aux règles générales. Ces verbes, dont le radical est une syllabe brève terminée par une explosive à laquelle se joint un *u* adventice euphonique, forment leur prétérit par le simple redoublement de l'explosive finale qui devient alors forcément dure.

On a ainsi *pukkên* « je suis entré » tam., *nakkên* tam. = *nakkanu* can. « je léchai ». Mais, outre que le tamoul

(1) Ces formes en *di* (ou *tti*, pour les verbes de forme transitive) ont aussi quelquefois le sens du présent ; exemple : *irutti* « tu es », *ayarudi* « tu t'évanouis, tu tombes en défaillance » (*Naichadha*, XXII, 20 ; XXIII, 15).

moderne dit *pugu-n-d-ên* et qu'on trouve le gérondif ancien *pugu-d-â,* des verbes de cette classe ont de soi-disant impératifs en *di : kéḍu-d-i* « sois perdu, ruiné, détruit », c'est-à-dire « tu es détruit », pr. *kéṭṭây.*

Je n'ai pas à m'occuper ici des modifications euphoniques que peuvent éprouver les caractéristiques du prétérit ; par exemple *sêr'um* est pour *sel-d-um* « nous sommes allés » dans le vers suivant du *Çindâmaṇi* (III, str. 102) : *êdamon'd'illeittchêr'um* « il n'y a pas de motifs, allons ». *Çêr'um* a ici le sens de « allons, nous irons ». On trouve de même *kor'i* « tu as pris » ou « prends », pour *kol-d-i* (*Ramâyaṇa,* VI, xiv). *Dên* varie de même *uṇḍên* « j'ai mangé », *en'd'ên* « j'ai dit », etc.

Quelle est l'origine et la signification propre de ce *d?* Le docteur Graul (*Outlines,* p. 42) y voit le formatif *du* affecté à la spécialisation de la racine verbale avec le sens vague du passé, sous la forme du démonstratif éloigné *adu* « cela », bien propre à marquer la relation du temps passé. Cette hypothèse ingénieuse se heurte à une objection grave, la disparition complète de l'*a,* caractéristique du démonstratif éloigné.

II. *Présent.* — Le passé ou prétérit est le temps dont la signification est la plus nette dans les langues dravidiennes ; le présent est loin d'avoir la même précision. Ce temps ne paraît point primitif ; il est indiqué par des suffixes différents.

Le tamoul se sert de *gir'u* ou *gin'd'u* (*u* final euphonique élidable). Les grammairiens ajoutent *ânin'd'u,* mais c'est une forme composée dont nous parlerons plus loin. Le malayâla emploie *innu, unnu, kunnu.* Le prototype commun semble être *gin'd'u*. M. Graul, se fondant sur le fait de la communauté de la nasale et sur celui de l'emploi plus fréquent dans les anciens textes de *gin'd'u*, regarde cette forme comme primitive et ne voit dans *gir'u* qu'une corruption plus moderne; pour lui (*Outlines*, p. 38), *gin'd'u* est peut-être composé de *g*, signe dont il sera question au futur, et de *in'd'u* « aujourd'hui, à présent ». M. Caldwell (p. 385) tend à adopter cette explication qui est très-ingénieuse.

Le canara ancien marque son présent par le suffixe *dap*, *bâl-dap-em* « je vis ». M. Kittel (Caldwell, p. 382) explique ce *dap* par *dapa*, pour *da apa*, c'est-à-dire *da*, signe du passé, et *apa* pour *aha*, participe futur de devenir; le présent en question serait donc proprement un second futur. Le canara moderne se sert de *ut*, qui est, suivant le même M. Kittel, le pronom démonstratif intermédiaire *udu*.

Le suffixe télinga est *tu* ou *tchu*, que M. Caldwell assimile à l'*ut* du canara moderne. Le tulu a *v* (*mal-puve*, je fais), qui est incontestablement un signe du futur. Le tuda a *k*, affaibli aux deuxième et troisième personnes en *tch*. Le kôta a *p* à la première et à la seconde personne, *k* à la troisième.

En résumé, le présent dravidien semble être une formation secondaire du futur.

III. *Futur*. — La signification de ce temps est encore moins nette que celle du présent. Il exprime non seulement l'idée d'avenir, mais encore celle d'éventualité, de possibilité, d'état prolongé, d'habitude présente ou passée; c'est pourquoi je l'appelle futur aoristique. Les grammairiens canaras et télingas le nomment aoristé et réservent le nom de futur à une autre formation, incontestablement plus moderne, dont le sens est plus exact.

Le gôndi marque son futur par un *k* intercalé entre le radical, et les suffixes pronominaux. Le tuda conserve certaines formes en *b* et *p,* qui doivent être d'anciens futurs ; *ersh-p-ini* et *ersh-k-en* sont aujourd'hui synonymes et ont le sens de « je suis » : ce sont primitivement des formations aoristiques.

En télinga, l'aoriste est formé par l'addition de *du* au radical, *peñtche-du-nu* « je grandirai vraisemblablement » ; à la troisième personne, le signe disparaît et la finale est *nu, avu-nu* « il ou elle deviendra » ; ce *nu* correspond à l'*um* tamoul et canara que nous allons retrouver tout à l'heure.

L'aoriste canara est indiqué par *v :* *bâḻvenu* « je vivrai sans doute ». Une autre formation, impersonnelle, consiste dans l'addition de *gum* au radical : *avam gêyu-gum* « il fera », *avar mâḍu-gum* « ils feront » ; cette particule sera expliquée par le tamoul. — Le futur tuḷu, *maḻpe* « je ferai », est une forme tronquée ou défective. Nous avons vu plus haut que cette langue présente des traces d'un présent en *p* ou *b,* qui est vraisemblablement un ancien futur.

Le tamoul est ici, comme presque toujours, plus complet ou mieux plus riche que ses congénères. Son futur ordinaire est en *p, b* ou *v :* *çéy-v-ên* « je ferai », *kaṇ-b-ây* « tu verras », *aḍi-pp-ân* « il frappera ». Cette consonne peut même s'affaiblir en *m,* surtout quand le verbe est employé dans le sens aoristique, cf. *en'mâr* ou *en'man'âr pulavar* « les savants, les poètes ont coutume de dire », pour *en'bar* (*En'mar Çindâmaṇi,* iii, 149).

A la troisième personne neutre du futur tamoul, tant
singulier que pluriel, le signe du temps disparaît, et la
finale qui s'ajoute au radical pur est *um : var-um* « il
viendra ». Nous avons vu ci-dessus que le pluriel *uṅgaḷ*
se rencontre aussi dans les auteurs. La forme en *um*
sert même à toutes les personnes. — Le télinga *nu* est
son équivalent phonétique.

On trouve, dans les anciens textes tamouls, un autre
dérivatif, *g*, auquel s'ajoutent les suffixes personnels :
çéy-g-ên « je ferai ». Ainsi, dans le *Tiruviḷeiyâḍal purâṇa*
(version du *Hâlâsya mâhâtmya* sanscrit), on lit (ch. LXI,
str. 13) : *Êvat'çéyvâreikkâṇênêjeiyêniniyéṇçéygên* « je ne
vois pas ceux qui exécuteraient mes ordres ! moi, misérable, que vais-je faire ? »

Mais, en y ajoutant un *u* épenthétique, et au pluriel
um, on emploie cette forme sans suffixes personnels :
aleivaḷampériden'gôyân' (*Naichadha*, I, 22) « dirai-je
grande l'étendue des vagues ? », où *engôyân'* est *en'gu,
ô, yân* « dirai-je, interrogation, moi ». Cf. encore *ureikkô*
« exprimerai-je? » dans le premier distique du CXIX^e chap.
des *Kur'aḷ*. — Au pluriel, je citerais l'exemple *uṇgum*
« nous mangerons ». Ce *gum* est évidemment le prototype
de la forme canara citée ci-dessus.

Les formes en *du* et *dum*, proprement des prétérits,
s'emploient aussi avec le sens du futur. Mais ces *du* et
dum peuvent aussi s'ajouter au *gu* futur : *çéygudum*
« nous ferons », *koḍukkudum* « nous donnerons » (*Prabhuliṅgalîlâ*, X, 18 et 34). Au même *gu* peut également
s'ajouter le signe ordinaire du futur *v : koṇarguvan* « il
apportera » (*Râmâyaṇa*, VI, XXII, 9) ; *per'uguvan* « il
obtiendra » (*Kur'aḷ*, CXXXIII, 8) ; *ureikkuvan* « il expri-

mera » (*Prabhulingalîlâ*, x, 30); *çéyguvam* « nous ferons »
(*Çindâmaṇi*, iii, 148).

D'autres formations, irrégulières en apparence, se
rattachent à ce *g ;* par exemple *kaṇgam* « nous verrons »
(*Kur'aḷ*, cxxxi, 2) ; *vâjgalêm* « nous ne vivrons pas »
(*Çindâmaṇi*, iii, 149) ; *nayakkunar* « ils désirent » (*Râmây.*, VI, xxv, 119) ; *nîkkugit'pâr* « ils rejetteront »
(*Çindâmaṇi*, I, 5); *çuḍugit't'ilar* « ils ne brûleront pas »
(*Râmây.*, VI, xxvi, 224). Les premières résultent de
l'union directe à *gu* ou *g* de suffixes pronominaux ; la
quatrième est formée de *g-in'-b ;* la cinquième de *g* et
in' (*n'* donne phonétiquement *t'*) : ces deux formes sont
analogues à celles du présent *(gin'd'u, gir'u)* et tendent
à confirmer l'hypothèse explicative de Graul.

Je ne m'occupe pas de l'allongement poétique de *um*
en *ûum : tarûum* « il donnera », pour *tarum* (*Kur'aḷ*,
xliv, 4) ; *pugûum* pour *pugum* « il entrera » et *pér'ûum*
pour *pér'um* « il obtiendra » (*Nâlaḍiyâr*, x, 9 ; xii, 15) ;
ni de l'omission de *u* prosodiquement autorisée : *pôn'm*
pour *pôlum* « il ressemble » (*Naichadha*, i, 2 ; xxiv, 5) ;
sén'mê pour *séllum* « il ira » avec *ê* emphatique (auteur
inconnu).

Le *second futur* du canara moderne intercale *iy, î* ou
d entre le radical et les suffixes personnels : *mâḍ-iy-ênu*
« je ferai », *nuḍi-d-ênu* « je dirai ». En télinga, il y a de
même deux types, *ê* (*î* dans certains cas) et *eda, tchês-ê-nu*
ou *tchês-eda-nu* « je ferai ».

§ IV. — Modes.

On a distingué proprement, en linguistique générale,

trois états de l'idée verbale, trois *modes :* le premier est
la simple affirmation ; le second marque la contingence ;
le troisième exprime le désir : « Je fais, [je ne crois
pas que] je fasse, puissé-je faire ! » ; ces trois modes ont
été nommés *indicatif, conjonctif* (ou *subjonctif*) et *optatif.*
Les langues dravidiennes n'ont développé qu'un seul mode
qui correspond à l'indicatif.

Le conditionnel, le potentiel, etc., ne sont pas à proprement parler des modes ; ils rendent plutôt des nuances
de l'état des personnes que de l'état de l'idée verbale. Il
en est de même de l'impératif. Les langues dravidiennes
ont un impératif à certains égards très-remarquable, que
nous allons examiner ici pour ne pas multiplier nos divisions en lui consacrant, ce qui serait logique, un paragraphe spécial. Il n'a bien entendu qu'un temps, et
proprement qu'une personne, la seconde.

Au singulier, l'impératif est formé par le radical simple
du verbe. Quelques exceptions apparentes s'expliquent
par des altérations euphoniques du radical. Ainsi, en
tamoul, *var* « venir » fait *vâ* et même *vam* « viens ».
(*Naichadha,* xxvii, 17 ; *Çindâmani,* iii, 172.)

Le pluriel de cette forme prend en tamoul *um* ou
pléonastiquement *ungal,* et est ainsi identique à une des
formes du futur aoristique. Une autre terminaison est
min, minô (ô emphatique ou vocatif), *minîr* (pléonastique).
On trouve même *min'gal, pômin'gal* « allez » (*Çindamâni,*
chant iii, str. 145). — En canara moderne, le pluriel est
semblable à la deuxième personne plurielle du futur. Dans
le dialecte ancien, on ajoute au singulier *im,* représentant
vraisemblablement *nîm* « vous ». — Le télinga ajoute
souvent *mu* au singulier ; *di, du, andi, andu, undu,*

uṇḍi au pluriel (*aṇḍi* est suivant M. Caldwell un vieux vocatif « seigneurs » tombé en désuétude).

Le kuḍagu fait son pluriel en *ir*. — Le tuḷu ajoute au radical du futur *la* au singulier et *le* au pluriel. M. Gundert voit dans ce *l* un reste de *lâ*, particule conjonctive « et », analogue de signification à l'*um* tamoul qui, suivant M. Caldwell, a, comme nous l'avons déjà dit, formé le pluriel des pronoms personnels. — Le tuda ne paraît pas distinguer le singulier du pluriel. — Le malayâla fait son pluriel en *vin* et *pin ; keḷpin* « écoutez » correspond au tamoul *kêṇmin*. Ce *pin* apparaît même en tamoul dans le verbe négatif, sous la forme *pîr : çéy-g-at'-pîr* « ne faites pas », où *îr* = vous, *p* = signe du futur, *at'* = *al*, négation, *çéy* = radical de faire. Vin ou *pin* malayâla est la transition naturelle entre les deux formes tamoules *pîr* et *min*.

Les formes du malayâla, du tamoul et du canara rattachent incontestablement l'impératif dravidien au futur aoristique.

Une autre forme directe est produite en tamoul par la suffixation au radical pur des signes de seconde personne ; par exemple *viḍ-ây* « laisse » (*Nâlaḍiyâr*, xiii, 10) ; *kân-ir* « voyez » (*Râmâyaṇa*, VI, xxvii, 20) ; *kêḷir* « écoutez » (*Çindâmaṇi*, iii, 25). Cette forme se trouve ainsi identique à la négative (Voyez ci-après, § V, B).

Dans les anciens poèmes, l'impératif singulier tamoul reçoit souvent des suffixes explétifs *mọ* (que M. Caldwel rapproche du *mu* télinga), *miyâ* ou *madi*.

§ V. — Voix.

Les voix servent, ainsi que nous l'avons dit plus haut,
à différencier les nuances significatives de l'idée verbale.
Elles se groupent naturellement et logiquement en trois
catégories : la première contient les voix *dérivées,* indiquant les idées subordonnées de causalité, d'activité, de
commencement, de faiblesse, de répétition, etc. ; la
seconde ne peut être formée que par la voix *négative,*
qui est évidemment susceptible de se confondre, de se
joindre avec toutes les autres ; la dernière enfin comprend
deux voix *principales :* la voix *active* ou *transitive* et la
voix *neutre, moyenne, intransitive,* suivant les deux
directions dont est susceptible presque toute idée verbale.

A. — *Voix dérivées.*

Dans la généralité des langues dravidiennes, on ne
connaît qu'une voix, la *causative.* A côté de « je fais »,
on peut dire, en une seule expression verbale, « je fais
faire ». M. Caldwell fait remarquer que ces causatifs
peuvent avoir deux régimes (je l'ai fait venir à Paris) ou
un seul (j'ai fait bâtir la maison).

Le signe du causatif, suffixé au radical, est en tamoul
et en malayâla *vi* ou *pi ;* en canara *içu* (anc.) et *itchu*
(mod.) ; en télinga, *intchu* et *pintchu.* M. Caldwell, dans
ces diverses formes, ne retient que l'*i* comme particule
causative ; le *v* ou *p* tamoul et télinga n'est pas autre
chose que le signe du futur ; le *çu* ou *tchu* canara et

télinga est une formative verbale que nous retrouverons tout à l'heure (1).

Le tuḷu se distingue de ses congénères. Son causatif est formé par *â* ou par *ḍu* (2) : *maḷpâve* « je fais faire », *tarpuḍuve* « je fais appeler ». — Le gônd a également un causatif marqué par *ha* ou *h* ajouté au participe présent de la voix principale transitive.

Du reste, le gônd et le tuḷu possèdent de nombreuses voix dérivées. Le premier est plus riche que le second ; il a un *inchoatif* formé par la suffixation des éléments personnels et temporels à la forme infinitive.

Quant au tuḷu, voici la série complète de ses voix dérivées : de *maḷpuve* « je fais », il dérive *maḷpâve* « je fais faire » (causatif), *maḷpêve* « je fais sans cesse » (fréquentatif), *maḷtruve* « je fais énergiquement » (intensif). Ces trois dérivés peuvent être de plus négatifs.

On conçoit que les voix dérivées soient susceptibles de tous les temps ordinaires.

B. — *Voix négatives.*

Comment s'indique l'idée négative dans la plupart des verbes de nos langues modernes ? En ajoutant à l'expres-

______

(1) Si l'on s'en rapporte aux grammairiens tamouls, les causatifs sont eux-mêmes susceptibles de causatifs : *céyvittên* « j'ai fait faire », *céyvippittên* « j'ai été cause qu'on a fait faire ». Je crois que cette forme vaut les combinaisons de suffixes entassés par les maladroits admirateurs du basque pour donner des produits aussi baroques que *aita-ren-aren-arena* « celui de celui de celui du père », etc. C'est long, inintelligible et absolument inusité.

(2) Ce *ḍu* peut-il, malgré sa linguale, être identifié au *ttu* tam. = *du* can., suffixe transitif, dont nous parlerons plus loin (G, 3°)?

sion verbale une négation : je fais, je ne fais pas. Les
langues dravidiennes ne procèdent pas autrement, avec
cette différence que la particule négative est intercalée
dans le verbe et précède les suffixes personnels. Ainsi le
gônd insère la négation *hille* ou *halle*, qui correspond à
la particule tamoule *illei* ou *allei,* où *ei* est un terminatif
et où la négation est proprement *al* ou *il ;* toute la conjugaison positive en gônd peut ainsi devenir négative. Le
tuḷu ne procède pas autrement que le gônd : il intercale
dj, reste de *idjdji*, sa particule négative (dérivé incontestablement de l'*il* général primitif) ; par exemple *maḷte*
« je fis » et *maḷtidji* « je ne fis pas », *maḷtŭda* « nous
avons fait » et *maḷtŭdidja* « nous n'avons pas fait »,
maḷpâvaḷŭ « elle fait faire » et *maḷpâvudjaḷŭ* « elle ne
fait pas faire », etc. Le tamoul a également la faculté de
former un négatif par l'intercalation de *il* ou *al*, mais
dans ce cas les suffixes personnels sont le plus souvent
brefs ; *çéy-d-ây* « tu as fait » et *çéy-d-il-ei* « tu n'as pas
fait », *irukkin'd'-ên* « je suis » et *irukkin'd'-il-ên* « je ne
suis pas ».

Le tamoul a développé de cette manière un temps
aoristique qui est formé du radical verbal, de la négation
et des suffixes personnels : *nân pêç-al-ên* « je ne parle
pas, je n'ai pas coutume de parler », *pêç-al-aḷ* « elle ne
parle pas » (*Râmây.*, VI, xxv, 114) ; *araçan't'an'n'ei-
nôkkalaḷ* « elle ne regarda point le roi » (*Çindâmaṇi*, III,
193), etc. Cette formation est très-remarquable. Les
négatifs en *al* ou *il* intercalés sont inconnus en langage
moderne vulgaire qui, d'ailleurs, emploie généralement,
comme nous le verrons plus loin, une périphrase. —
Nous avons cité, à propos du temps futur, un

exemple de négatif avec *al* intercalé entre le signe personnel et le suffixe *git't'u*.

Mais le négatif le plus habituel au tamoul consiste dans une simple combinaison des suffixes personnels longs, toujours longs, et du radical ; l'expression résultante se traduit généralement par le futur : *pêç-ên* « je ne parlerai pas », *kâṇ-ây* « tu ne verras pas », *kêḻ-ân* « il n'entend pas », etc.; mais elle sert aussi à rendre le passé et le présent. Le canara possède une formation analogue, mais sans l'obligation d'allonger les voyelles des suffixes personnels : *mâḍ-en* « je ne fais pas », *mâḍ-ire* « vous ne faites pas ». Le télinga a une formation correspondante qui semble marquée par l'intercalation d'un *a* : *konavu* « tu ne prends pas », *tchêyanu* « je ne fais pas ». Le malayâla a, comme le tamoul, un temps négatif : *ar'iyâr* « ils ne sauront pas » ; mais il en forme périphrastiquement trois (présent, passé, futur) en ajoutant au gérondif négatif (voyez ci-après, § VI) les signes temporels *innu*, *ṅṅu*, *vu* : *varâyinnu*, *varâṅṅu*, *varâyvu*. Le khond a deux temps négatifs : l'aoriste, qui correspond à la forme unique canaro-tamoule (*giênu* « je n'ai pas coutume de faire ») et un prétérit. Le tuda a également, s'il faut en croire M. Pope, deux temps négatifs ; le premier correspond aux formes canaro-tamoules, *ir-eni* « je ne serai pas », *âḍ-eni* « je ne danse pas » ; le second est caractérisé par l'intercalation de *t* (*th* anglais de *thin*), *er-th-eni* « je n'étais pas », mais il semble très-peu usité.

De l'existence de ces doubles formes caractérisées, les unes par l'intercalation de la négation *al* ou *il*, les autres par celle de *a* (le futur tuḷu lui-même est en *a*, *tûve* « je verrai » et *tuvâye* « je ne verrai pas »), les autres par l'allongement nécessaire des voyelles, M. Caldwell conclut avec assez de raison à la dérivation générale par *al* négatif. Le télinga l'a réduit à *a ;* le tamoul a fait de même, puis a fondu cet *a* avec les voyelles initiales des suffixes ; le canara l'a laissé tomber sans compensation. L'étude des gérondifs et participes négatifs confirme cette théorie, comme nous le verrons plus loin ; celle de l'impératif également.

L'impératif négatif tamoul est en effet dérivé par l'addition au rad. de diverses terminaisons. Au sing., ce sont : 1° *êl, kêl-êl* « n'écoute pas » ; 2° *âdi* (il faut voir là plutôt une forme de prétérit) : *paḍâadi* « ne souffre pas » (*Kur'al*, cxxi, 10) ; *kur'âdi* « ne diminue pas » (*Nâlaḍi*, xxxix, 8) ; *ureiyâdi* « n'exprime pas » (*Nâlaḍi*, xxxix, 10) ; 3° *an'mô*, de *al* « non ». Au pluriel, on trouve : 1° *âmin*, *çéy-yâ-min* « ne faites pas », où *min* est le suffixe personnel ; 2° *an'min*, de *al ;* 3° *at'pîr*, de *al* aussi. On emploie encore pour l'impératif la forme en *ka*, *çéy-yat'-ka :* c'est proprement un gérondif avec *al* intercalé. Le télinga fait *aka*, que M. Caldwell assimile à l'*at'ka* tamoul ; le pluriel est en *aṇḍi*, que nous avons expliqué ci-dessus. Le malâyala se sert de *âyka* au singulier et *âyvín* au pluriel. La plupart des formes que nous venons de voir et celle que nous trouverions en canara, en kôta, en tuda, etc., sont périphrastiques. Le tamoul moderne forme son impératif négatif, ou, comme disent certains grammairiens, son prohibitif, en ajoutant au gérondif négatif en *âdu* l'*ê* emphatique : *çéy-yâd-ê* « ne fais pas » ; au pluriel, il ajoute encore *um* ou pléonastiquement *uṅgaḷ : çéy-âd-ê-yuṅgaḷ* « ne faites pas, vous plusieurs ».

C. — Transitifs et intransitifs.

Une même idée verbale est principalement susceptible de deux manières d'être, s'il nous est permis de nous exprimer ainsi ; le but de son activité peut être interne, subjectif, ou au contraire externe, objectif. Dans le premier cas, le verbe est moyen, neutre, intransitif, *atmanêpadam,* comme disent les Indiens du Nord, *tan'vin'ei* (de *tân* « soi-même ») comme disent les Dravidiens tamouls : j'éclaire, je suis lumineux, je donne de la lumière ; — dans le second, le verbe est actif, transitif, *parasmâipadam, pir'avin'ei* (de *pir'a* « autre ») : j'éclaire le monde, je rends le monde clair. Cette distinction, cette division naturelle en deux *voix* est commune à beaucoup d'idiomes du second groupe ; M. Caldwell rappelle heureusement la forme indéterminée et la forme déterminée du verbe magyare, *látom* « je le vois » et *látok* « je vois ». Les langues à flexion ont souvent perdu le sens de cette distinction naturelle ; elles ont laissé s'oblitérer bien des formes moyennes et ont développé une voix *passive,* qui correspond à une conjugaison composée de la période primitive. C'est pourquoi Ziegenbald appelle *passifs* les intransitifs tamouls (*Grammatica,* 1716, p. 80). Le passif en effet est un état pour ainsi dire personnel, propre au sujet, et non une variation de la signification verbale. Le passif est essentiellement périphrastique dans la conjugaison dravidienne (voyez ci-après, § VII).

Dans cette conjugaison, au contraire, le moyen et l'actif ou, pour être plus exact, le transitif et l'intransitif ne sont pas distingués par des compositions, ni même par des suffixes différents ; ils sont exprimés par des variations de la forme sonore verbale. Mais ce n'est pas à proprement parler une flexion, parce que la variation a lieu au moyen d'un simple renforcement ou d'un simple affaiblissement consonnantique. C'est surtout en tamoul que cette variation peut être étudiée.

Il faut remarquer avant tout que certains verbes ne sont susceptibles d'aucune variation. « Je marche » est essentiellement intransitif, car son transitif se confond avec le causatif « je fais marcher », le sens verbal ne changeant pas ; inversement « je fais » n'est guère susceptible d'avoir proprement une forme intransitive. Il en résulte que certains verbes tamouls ont une seule forme, analogue à celle ordinairement active ou neutre, mais sans que la correspondance de l'idée et de la forme soit rigoureuse : *paṇṇugir'ên* « je fais » est un actif à forme neutre ; *naḍappên* « je marcherai », un neutre à forme active.

On peut néanmoins, quant au tamoul, poser le principe général suivant : chaque verbe, susceptible de deux voix, a deux formes sonores, une forte pour la voix transitive, une faible pour l'intransitive.

En général aussi, ces deux formes sont distinguées par la présence à la fin du radical d'une explosive forte ou douce. Cependant, il faut reconnaître trois cas : 1º celui où la différence a lieu dans le radical ; 2º celui où elle a lieu dans le suffixe temporel ; 3º celui tout exceptionnel où un suffixe spécial semble employé.

1º Dans le premier cas, il faut encore rechercher si le radical est simple ou s'il est composé :

α. S'il est simple, il se termine en *r'u* ou *ḍu*, auxquels on rattache les finales *l*, *lu* et *ḷ*, *ḷu*. La forme forte est alors obtenue par le doublement de la consonne et le durcissement qui en résulte : *mâr'ugin'd'ên* « je change (intr.) » devient *mât't'ugin'd'ên* « je change (act.) »; *sujaluvên* ou *sujalvên* « je tournerai (intr.) » donne *sujat't'uvên* « je tournerai (trans.) »; *vâḍugir'adu* « cela se flétrit » fait *vâṭṭugir'ad'u* « il flétrit (act.) ». Dans ce cas, si la forme faible tamoule présente une nasale avant l'explosive, cette nasale, purement euphonique, disparaît dans la conjugaison forte : *tîṇḍuvêm* « nous toucherons » et *tîṭṭuvêm* « nous exciterons, nous pilerons ».

β. S'il est composé, il est formé du radical simple et des formatifs *gu*, *çu*, *du*, *bu* (ou avec la nasale euphonique *ngu*, *ndju*, *ndu*, *mbu*). La forme dure est alors en *kku*, *tchu*, *ttu*, *ppu* (sans nasale) : *tûnguvên* « je dormirai, je serai suspendu » donne *tûkkuvên* « je porterai ». — M. Caldwell fait remarquer qu'au lieu de *kku* le télinga fait *tchu*, *tûtchu* et même *tûntchu* pour *tûkku* : il ne faut voir là qu'une variation due à la phonétique particulière du télinga.

2ᵃ Dans le second cas, les signes temporels sont *kkir'u* ou *kkin'd'u*, *ttu*, *ppu* (*u* final à élider) pour le transitif et *gir'u* ou *gin'd'u*, *du* ou *ndu* (*n* euphonique), *vu* ou *bu*, pour l'intransitif. *Vaṇangir'âḷ* « elle adore, elle vénère, elle plie » et *vaṇakkir'âḷ* « elle plie, elle courbe »; *varundên* « j'ai souffert » et *varuttên* « j'ai affligé »; *mêyvên* « je paîtrai, je brouterai » et *mêyppên* « je paîtrai, je mènerai paître ».

Il est bon de faire observer ici que le tamoul vulgaire adoucit en *ttch* les prétérits en *tt*; il dit *aḍittchân* pour *adittán* « il a frappé ». Ziegenbald a donné place à cette forme dans ses paradigmes, et Beschi lui-même n'a pas osé la proscrire entièrement (1) : il se borne à faire observer qu'elle n'est pas littéraire. La forme faible est alors en *ñdj*. : *ar'iñdjên* « je sus » pour *ar'indên*. Cette variation euphonique n'a lieu d'ailleurs qu'après *i* ou *ei (ai)*.

3° Quelques verbes, le plus souvent monosyllabiques ou dissyllabiques brefs, font leur transitif par l'addition au radical de *ttu* qui donne fréquemment à l'expression résultante un sens causatif : *paḍuvêm* « nous souffrirons » et *paḍuttuvêm* « nous ferons souffrir », *vijun-d-ây* « tu es tombé » et *viju-tt-i-n-ây* « tu as tombé ». La particule intercalaire est *du* en canara, *tâḷ-du* pour tam. *tâj-ttu* « abaisser », de *tâj* « bas ». M. Caldwell identifie cette particule avec le suffixe adjectif et déclinatif des noms qui est *ad* en canara et *ti* en télinga ; il y voit le démonstratif neutre singulier *adu* « cela ».

J'ai donné ci-dessus, dans le second cas de nos formations, des exemples tirés de verbes en *l* et en *ḷ*, dont les transitifs sont en *t't'* et *ṭṭu*. C'est là du moins l'explication des grammairiens tamouls, mais celle de M. Caldwell est bien préférable. Il décompose *t't'u* et *ṭṭu* en *l-du*, *ḷ-du*, conformément aux lois de la phonétique tamoule qui change en deux explosives dentales dures mouillées le concours de *ḷ* et de *d*, et en deux linguales dures le

____

(1) Beschi est très-sévère dans sa grammaire du tamoul vulgaire pour les fautes d'orthographe telles que *kaṇṇukuṭṭi* pour *kan'ḍ'ukuṭṭi* « veau », composé de *kan'ḍ'u* « veau », et *kuṭṭi* « petit ». Il a raison quant à l'écriture, mais ces fautes sont parfaitement commises dans la prononciation populaire.

concours de *ḷ* cérébral et de *d*. Mais, en m'en tenant à l'explication tamoule, j'ai voulu montrer le rapport qui existe entre *l* et les explosives mouillées. Cette explication, du reste, vient d'une méprise ; devant les signes temporels du présent, *l* et *ḷ* muettes deviennent forcément *t'* et *ṭ*, dont *t'l'u* et *ṭṭu* semblent le simple redoublement.

Cette division des verbes tamouls en forte et en faible ne correspond pas toujours, comme nous l'avons vu, à l'expression exacte des voix. Il arrive que certains verbes, sous leur forme faible, ont deux significations évidemment connexes, mais assez différentes pour que l'une soit déjà active ; dans ce cas, la forme forte du même verbe ne s'applique qu'à l'autre signification. Nous avons cité l'exemple *vaṇaṅgu* « vénérer, plier (intr.) » qui fait *vaṇakku* « plier (trans.) » seulement ; le sens « vénérer, adorer » de la forme faible vient incontestablement du sens intransitif normal « plier », mais il a rendu pour certains cas cette forme active quant à sa signification. D'autres fois, la signification neutre de la forme faible n'existe pas, et les deux formes sont actives. Ces anomalies peuvent servir à faire retrouver le sens primitif réel de beaucoup de verbes, car il n'est pas possible qu'elles aient existé dans le prototype commun.

Dans plusieurs grammaires tamoules, on a divisé, comme je viens de le faire, les verbes tamouls en forts et en faibles. Mais le principe et le but de cette division n'étant pas l'expression des voix, les verbes se trouvent parfois différemment classés. Graul, prenant pour base la formation du futur en *pp*, *b* ou *v*, a des verbes forts, moyens et faibles ; aussi explique-t-il que les premiers et les derniers sont transitifs et intransitifs, avec de nombreuses exceptions. Une autre division, fondée sur la forme du prétérit ou plutôt ayant pour objet d'aider à trouver la forme du prétérit, a été proposée dès 1739 par Walther (1).

En résumé, la règle primitive devait être que tous les verbes forts étaient actifs et tous les verbes faibles neutres. Mais, dans la suite des temps, la règle a perdu de sa rigueur et ne se trouve plus toujours exacte, en ce qui touche la formation du futur et du présent, qu'au point de vue grammatical et formel. En ce qui concerne le prétérit, la distinction est mieux faite quant au sens, mais alors. souvent contrairement à la règle ; ainsi « marcher » a son présent et son futur forts, mais son prétérit faible *(naḍa-kkir'ên, naḍa-nd-ên, naḍa-pp-ên)*. — Je ne puis m'arrêter ici à examiner la formation du prétérit dans tous les verbes tamouls ; elle est assez compliquée et n'est bien expliquée dans aucune grammaire ; j'espère pouvoir m'en occuper un jour.

Bayonne, le 24 février 1877.

(1) Je ne suis pas absolument sûr de cette citation, car je n'ai pas sous les yeux le texte de Walther. Son travail, remarquable pour l'époque, est en effet devenu rare et ne se rencontre que joint à quelques exemplaires de la première édition de la grammaire de Beschi. Il est intitulé : « Observationes grammaticae, quibvs lingvae tamvlicae idioma vulgare... illvstratvr, a Chr. Th. Walthero, missionario danico. *Trangambariæ,* typ. miss. regiae, MDCCCXXXIX ». C'est un in-8º de 58 et (ij) p.

LA CONJUGAISON

DANS LES LANGUES DRAVIDIENNES.

(Suite et fin.)

§ VI. — Formes nomino-verbales.

Gérondifs et participes.

Je comprends sous cette division deux sortes d'expressions verbales, qui sont employées avec une signification
adjective, mais qui diffèrent l'une de l'autre, en ce que dans
les premières (participes) c'est l'idée adjective qui prédomine, tandis que dans les secondes (gérondifs) c'est l'idée
verbale. Si je dis, par exemple, « l'homme qui a mangé »,
j'ai un participe dravidien ; mais si je dis « l'homme,
ayant mangé, s'en est allé », j'ai un gérondif. Les
grammairiens indigènes expriment cette différence en
appelant le premier *péyaréttcham* « nom incomplet » et le
second *vin'eiyéttcham* « verbe incomplet ». Les grammairiens européens appellent généralement *participes* l'une
et l'autre forme ; seulement la première est qualifiée, par
Caldwell notamment, de *relative*, et la seconde de *verbale*.
Ariel appelait la seconde *participe indéclinable*, nom qui
a le défaut de s'appliquer surtout à l'expression française
correspondante. Je crois bon, pour faciliter la distinction, de maintenir les appellations de Beschi, *participe* et
gérondif.

3

A. — *Participes.*

Le principal rôle de cette forme, dans les langues dravidiennes, justifie le nom que lui a donné M. Caldwell de *participe relatif;* elle sert en effet à remplacer les pronoms relatifs qui manquent à toutes ces langues. Les pronoms relatifs véritables sont ceux qui lient un substantif à son complément : l'homme qui mange, l'enfant qui a lu le livre, etc. Le participe dravidien, que quelques auteurs appellent pour ce motif *adjectif verbal,* est toujours accompagné d'un nom qu'il précède, mais il est susceptible naturellement lui-même d'un complément direct ou indirect, comme le verbe d'où il procède ; il en résulte qu'à l'aide d'un participe on joint souvent à un substantif une véritable phrase complète.

Il y a, dans chaque langue dravidienne, autant de participes que de temps simples. Il y en a donc trois en tamoul : ceux du passé et du présent sont caractérisés par un *a* final qui se joint au signe du temps, *çéy-gin'd'-a* ou *çéy-gir'-a* « qui fait », *çéy-d-a* « qui a fait » (les prétérits en *in'* font leurs participes en *in'a* ou *iya*, *éjudiya* ou *éjudin'a* « qui a écrit ») ; le participe futur est en *um* et se trouve identique à la troisième personne singulière du futur ; *çéyyum* sera donc « il fera » et « qui fera ». Le canara, plus logique que le tamoul, a aussi le participe futur en *a : mâḍuva* « qui fera », *kareyuva* « qui appellera », morphologiquement conformes à *mâḍida* « qui a fait », *kareda* « qui a appelé » (le participe présent est périphrastique). Le télinga fait son passé et son présent en *a ;* son futur en *eḍu, eḍi, ê, êti*. Le malayâla ressemble au tamoul. Le kuḍagu confond le présent et le futur *mâḍuwu,* mais a un passé *mâḍunu* « qui a fait ». Le tuḷu ne paraît pas distinguer le participe du gérondif, quant à la forme. — Le participe négatif tamoul est en *â* ou en *âda, çeyyâ* ou *çeyyâda* « qui ne fera pas », dans la langue vulgaire ; il est aussi en *al-â* ou *al-âda* (voyez ci-dessus, § V, *B*). Le négatif canara est en *ada, mâḍada* « qui ne fait pas » ; le télinga en *ni, pôni* « qui ne va pas » ; le kuḍagu en *atu, mâḍatu* « qui ne fait pas », etc.

Les grammairiens tamouls comptent, parmi les formes participiales, le participe futur allongé et le participe futur abrégé. Le premier est caractérisé par l'addition de la terminative *du* à l'*um* normal. Je n'en connais d'autre exemple que le suivant donné par les grammairiens indigènes :

> *Puṇarinîrçûjundupûvulagilyâvu*
> *Muṇarin'in'akkileiyop..... .pu*
> (Auteur inconnu.)

« Dans le monde terrestre qu'entourent les eaux de l'Océan, on ne trouve rien qui puisse t'être comparé ».

Quant au participe abrégé, il est caractérisé par l'absence de la syllabe *um ;* naturellement les explosives dures finales prennent alors un *u* épenthétique : *naḍakku* « qui marche ». Sauf le cas des verbes neutres à forme active, ce participe abrégé n'est autre que le radical verbal ; il s'emploie à tous les temps ; par exemple : *ûṭṭarakkuṇḍa-çéntâmarei* « le rouge lotus qui a mangé la laque mise à sa portée » *(ûṭṭu* pour *ûṭṭum)* [*Çindâmaṇi*] ; *nêt't'ukko-lyân'ei* « l'éléphant tué hier », etc. Les participes de deux syllabes brèves n'ont pas la forme abrégée.

Ce participe syncopé, joint à l'adjectif *arum* ou *ariya* « difficile », prend le sens du supin latin en *u : çéyyarum* « factu difficile », *çollarum* (*Çindâmani*, I, 52) « difficile à dire », etc.

Le participe dravidien remplace, ainsi que nous l'avons vu plus haut, le pronom relatif. Il est important de faire remarquer que, dans ce sens, il peut être pris objectivement ou subjectivement. Ainsi, *pulikon'd'ayân'ei* se traduit, suivant les cas, « l'éléphant qui a tué le tigre » ou « l'éléphant qu'a tué le tigre » ; *araçan'pet't'apérumei* « la grandeur qu'a obtenue le roi » ; *nîvandapojudu* « l'époque où tu es venu ». Ce phénomène est si général en dravidien qu'on en retrouve des traces dans les idiomes les plus imparfaits, par exemple en tuda, où l'on dit très-bien *ân kûḍid nâḷorj* « au jour où je me suis marié » (tamoul *nân kûḍiya nâḷil*).

B. — Gérondifs.

Les gérondifs, participes de relation, participes verbaux ou participes indéclinables, ont également des formes différentes correspondant à chaque temps personnel.

En tamoul vulgaire, toutefois, celui du passé est le seul usité ; mais, dans la langue savante et dans l'idiome ancien, les trois temps ont leurs gérondifs. Le malayâla a les mêmes formes que le tamoul ; le canara, le télinga et le kuḍagu n'ont pas de gérondif futur ; le tulu a un gérondif présent ou futur, un gérondif de l'imparfait et un gérondif passé. Tous ces idiomes ont en outre un gérondif négatif.

I. Le gérondif passé a diverses formes en tamoul ; la

plus ordinaire n'est autre que celle du prétérit, sans suffixes personnels : *çéy-du* « ayant fait », *viṭ-ṭu* « ayant laissé », etc. Les prétérits en *in'ên'* font *i, viḻaṅgi* « ayant brillé » (ce qui montre bien le rôle adventice et euphonique du *n'*) (1). Les grammairiens comptent en outre des formes en *bu* ou *pu*, en *â* et en *û*, dérivées par l'addition de ces syllabes au radical : 1° *viḻaṅgubu* « ayant brillé », *naḍappu* « ayant marché » ; cette forme ne sert guère qu'en poésie et avec les verbes au prétérit en *i*, dont le gérondif gagne ainsi une syllabe ; — 2° *éjâ* « s'étant levé » (*Râmay.*, VI, XVII, 19) ; cette forme est identique à la négative (voyez ci-après) ; — 3° je n'ai trouvé de *û* que l'exemple suivant :

Aṭ'pagan'êḍur'umâditaṭ'kanû
Vuṭ'ṭ'aḍivaṇangalum, etc.

« Aḍi, qui le cherchait jour et nuit, l'ayant aperçu, s'approcha et se prosterna à ses pieds... ». (*Agaval* de Kapila, préface.)

(1) Les quatre verbes *pôgir'adu* « aller », *âgir'adu* « devenir », *tâgir'adu* « donner » et **kûgir'adu* « appeler, crier », font *pôgi* et *pôy*, *âgi* et *ây*, *tây* (*Tiruviḻeïyâḍalpurâṇa*, pays, 11), *kûy* (*Naichadha*, XXV, 1). On trouve d'autres formes irrégulières : *koḍu* ou *koḻîi* pour *koṇḍu* « ayant pris » (devant les voyelles *kôḍu*) ; *çêri* pour *çêrndu* « étant arrivé à », *têri* et *têri* pour *têrndu* « ayant appris♦ ayant su », etc.

Les verbes dont le radical finit par *ei* ont un gérondif passé irrégulier en *eii* (employé seulement en poésie) : *vaḻeii* pour *vaḻeindu* « ayant plié », *naçeii* pour *naçeindu* « ayant aimé », etc., d'où l'on dérive, par l'addition de *a*, une forme participiale nouvelle, *vaḻeiiya* « qui plie » ou « qu'on plie ». Le gérondif en *eii* compte pour autant de syllabes que celui en *du*, mais sa finale n'est pas élidable ; le participe en *eiia* a une syllabe de plus que celui en *da*.

Le gérondif canara et télinga se forme comme celui du tamoul : *mâḍi* « ayant fait », *karedu* « ayant appelé » (cán.) ; *tchéçi* « ayant fait », *koni* « ayant pris » (tél.). C'est également de l'imparfait et du parfait que dérivent les formes tuḷu *maḷti* « pendant qu'il faisait » et *maḷ-tŭdŭ* « ayant fait », etc.; de même en kuḍagu, *mâḍitu* « ayant fait ».

Le gérondif passé se remplace quelquefois par le verbal en *al* avec *um* en tamoul (voy. § XI).

II. Le gérondif présent a. également diverses formes : en canara, il est notamment en *uttâ*, *mâḍuttâ* « faisant » ; en télinga, en *tu* ou *du* ; en tuḷu, il dérive du présent, *maḷpu* « faisant ». En tamoul, il est caractérisé par *a* final (*çéyya* « faisant ») joint au radical simple ; ces formes en *a* se retrouvent dans les autres langues congénères, mais nulle part elles n'y sont employées avec la même fréquence qu'en tamoul. Dans ce dernier idiome, *a* se joint, non seulement au radical simple, mais encore aux suffixes du futur ; ainsi on a *çéyga* et *ar'iga* à côté de *céyya* « faisant » et *ar'iya* « sachant, s'instruisant » ; *môppa* « sentant », *naḍappa* « marchant », etc. Les verbes à forme intransitive emploient les gérondifs en *ga* comme des optatifs : *nî çéyga* « puisses-tu faire ! » (1) ; de cet emploi est venu l'usage de terminer en *ka* certains

----

(1) Dans ce cas, l'*a* final s'élide devant une voyelle ; les grammairiens citent les exemples suivants : *êt'l'iyalkâṇanâmivaṭṭarugennavê* « pour voir son caractère, nous lui dîmes : donne, et » *endeimârgaléju-gén'd'ân* « levez-vous, mes parents, dit-il » (*Çindâmaṇi*), *nîyiṅgiruk-kén'd'égi* « toi, reste là, dit-il, et partant... » (*Çilappadigâram*).

Ce sont ces formes en *a* que les grammaires ordinaires étudient, sous le nom d'infinitif, en même temps qu'un certain nombre de noms verbaux en *al*, *aḍu*, etc.

impératifs négatifs dont nous avons parlé ci-dessus
(§ V, *B*).

M. Caldwell voit dans cet *a* le démonstratif éloigné.

III. Le gérondif futur est spécial au tamoul et au
malayâla. Il y prend, suivant les grammairiens locaux,
différentes formes, dont la première en *a* est identique
au gérondif présent et se traduit en français par « pour »
avec l'infinitif : *kânavandîr* « vous êtes venu pour voir »
(*Çindamani*, VIII, 25).

Les autres formes sont constituées par l'addition
au radical de *iya, iyar, vân* et *bâkku* : 1° *iya* ou *iyar*
est une finale adjective : *çéyyiya* « devant faire », *kâniyar*
« devant voir » (1) ; — 2° *vân, bân* ou *pân* n'est autre
chose que la troisième personne masculine du futur, prise
en quelque sorte adverbialement ; la forme verbale est
devenue pour ainsi dire un simple nom verbal : *arasan'*
kânbân vandân' « le roi est venu pour voir », c'est-à-dire
« il est venu celui qui doit voir, le roi » (2) ; — 3° *bâkku*
dérive probablement de la précédente avec *ku*, suffixe du
datif : *padubâkku* « devant souffrir » (*Kur'aḷ*, XVII, 4) ;
kâppâkku « devant garder, protéger » (*Kur'aḷ*, CXIII, 7).

IV. Le gérondif négatif s'obtient en ajoutant *â, âdu,*
âmal au radical : *çéyyâ* « ne faisant pas », *vijâdu* « ne
tombant pas », *vanangâmal* « n'adorant pas ». On le
remplace quelquefois par le nom verbal *nûlén'avajâ-*

____

(1) Voyez-en des exemples dans les *Kur'aḷ* (CXXX, 6 ; CXXXII, 3)
et dans le *Râmâyana* (VI, XIII, 21). — Ces formes servent aussi
d'optatif.

(2) En malayâla, *vân* se change généralement en *mân* : *uṇmân*
« devant manger » ; quelquefois même le *v* disparaît, *varán* pour
varuvân « devant venir ».

meiyôḍi « courant sans fléchir comme un fil » (*Çindâ-mani*, II, 35) ; ici *vajâmei* est proprement « action de ne pas fléchir ». Une autre forme consiste dans l'addition de *alâ* au radical *(al + â)* : *yâvadunineiyalâ* « sans penser à rien » *(Çilappadigâram)*.

Les idiomes congénères ont des formes analogues : le malayâla fait son gérondif en *âte* et *âññu*, *varâte* ou *varâññu* « ne venant pas » ; le télinga l'a en *ka, pampaka* « sans envoyer », l'*a* final du thème pouvant parfois s'allonger en *â ;* le canara dérive son gérondif négatif par *adé* : *bâḷadé* « n'ayant pas vécu », *iḷiyadé* « n'étant pas descendu » ; le kuḍagu, par *atté*, *mâḍ-atté* « ne faisant pas », et le tuḷu par *andé*, *malp-andé* « ne faisant pas ». A part celle du télinga, toutes ces formes se rattachent à l'*âdu* tamoul ; le télinga *aka* correspond à l'impératif tamoul *at'ka* (voy. § V, *B*), qui est proprement un gérondif présent en *ka* avec *al* intercalé ; cet *al* reparaît, modifié euphoniquement en *an*, dans le tuḷu *ande*.

Les exemples et les explications qui précèdent auront fait comprendre, je l'espère du moins, la signification exacte du gérondif dravidien. Je n'insiste pas davantage sur ce sujet : le gérondif négatif se traduit généralement en français par « sans » avec l'infinitif, « sans dire, sans faire », etc.

§ VII. — Formes périphrastiques.

A une époque plus ou moins moderne, il s'est déve-loppé, dans les idiomes qui nous occupent, un certain nombre de formes composées. Les unes ont eu pour objet de rendre certaines nuances de sens, de temps ou de modes ; les autres ont été créées pour exprimer le passif ; d'autres enfin n'ont eu d'autre but que d'allonger l'expression verbale et d'offrir aux poètes en quelque sorte un synonyme commode. Nous allons examiner successivement ces diverses combinaisons.

A. — *Composés explétifs.*

Les poètes tamouls aiment assez ces composés, dont leurs ouvrages offrent de nombreux exemples. Les principaux verbes employés comme explétifs sont les suivants :

1º *Iḍugir'adu* « donner », dont les formes temporelles se joignent aux gérondifs passés en *u* ou au radical des verbes qui ont ce gérondif en *i : çéydiṭṭân* pour *çéydân'* « il a fait », *viḻaṅgiṭṭadu* « cela a brillé » ;

2º *Viḍugir'adu* « laisser », *pôyviṭṭân'* pour *pôyinân* « il est allé » ;

3º *Niṭ'kir'adu* « être debout » s'ajoute aux gérondifs présents et passés ; son prétérit *nin'd'ên*, etc., joint au gérondif en *â,* constitue un présent que les grammairiens indigènes mettent dans leurs paradigmes sur le même rang que les formes en *kir'u* ou *kin'd'u : çéyyânin'd'ên* « je fais » ;

4º *Tarugir'adu* « donner » se joint au radical, mais seulement sous les formes *tarum* (part. fut.) et *tara* (gér. prés.) ;

5º *Aḍikkir'adu* « battre » s'ajoute à certains radicaux et aux gérondifs passés ;

6º *Ur'ugir'adu* « approcher » s'ajoute au radical des

verbes dont le gérondif est en *i*, mais seulement sous les formes *ur'â* (gér. nég.) et *ur'in'* « s'il s'approche » (voy. ci-après, § IX, *A*) ;

7° L'appellatif-verbe *uḷên* (voy. ci-après, § VIII) est également explétif : *aḍeinduḷên* pour *aḍeindên* « je suis ayant obtenu » pour « j'ai obtenu » ; *vanduḷar* (*Râmâyaṇa*, VI, XXVIII, 49) « ils sont venus », pour *vandâr* ;

8° *Aruḷugir'adu* « daigner » est aussi explétif, mais il exprime le plus souvent une idée honorifique : *çéydaruḷinân* « il a fait » ou plutôt « il a daigné faire » ;

9° *Âgir'adu* « devenir » se joint explétivement à des noms verbaux ou appellatifs (voy. ci-après, § X et XI) : *pugalvadâyinân* « il devint ce qui dira, il dit », pour *pugan'd'ân* (*Tiruviḷeiyâḍalpurâṇa*, I, 31) ; *énalânan* « il devint le dire, il dit », pour *en'd'ân* (*Râmâyaṇa*, VI, XXVI, 168) (1).

B. — Verbes passifs.

Pour rendre en tamoul l'idée de nos verbes passifs, on fait suivre le gérondif présent du verbe intéressé des formes temporelles de *paḍugir'adu* « souffrir » : *aḍikkappaṭṭên* « j'ai été battu ». On emploie encore *uṇgir'adu*

---

(1) Ce verbe sert beaucoup dans la langue vulgaire. En tamoul, son gérondif présent *âga* ; ses noms verbaux *âvadu*, *âgei*, *âdal* ; ses dérivés *ânâl* et *âyin*, figurent dans un grand nombre d'expressions conjonctionnelles. Son gérondif passé *ây* forme des adverbes de tous les noms : *péridây* « étant ce qui est grand », c'est-à-dire « grandement » ; *balamây* « étant force », c'est-à-dire « fortement », etc. La troisième personne singulière neutre du futur, *âm* (pour *âgum*) « il deviendra, il sera, il est habituellement, il est », s'emploie dans le langage usuel pour notre « oui » (le tamoul vulgaire prononce *âmâ*). Cf. *âvu* tuḷu (que M. Brigel traduit *it will take place*) ; *am* kudagu, etc.

« manger », mais joint au radical : *ar'eiyuṇḍadu* « il a mangé battu, il a été battu ». *Per'ugir'adu* « obtenir » .sert aussi dans le même sens, avec le gérondif présent : *muyaṅgappér'in'* « si l'on obtient serré, si l'on est serré » (*Kur'aḷ,* cxxxiii, 10). L'infinitif et le verbe sont quelquefois séparés, *pijeikkavumpér'umê* « il sera même trompé » (*Çindâmaṇi*).

Les autres langues dravidiennes forment également leur passif par composition avec le verbe *paḍu* « souffrir » : *kareyalpaḍuvenu* « je suis appelé » (can.), *pampabaḍutunnânu* « je suis appelé » (tél.), etc. Le kuḍagu et le tuḷu n'ont pas de passifs ; le gônd forme le sien en ajoutant le verbe « être » au participe actif.

C. — Nuances de temps ou de modes.

Dans toutes les langues dravidiennes, on a suppléé par des périphrases à la pauvreté primitive, et l'on est parvenu ainsi à exprimer ce que rendent les imparfaits, les plus-que-parfaits, etc., de nos idiomes européens modernes.

En tamoul, par exemple, le verbe *irukkir'adu* « être, être assis », joint au gérondif, exprime le passé défini, le plus-que-parfait, le futur antérieur : *çolliyirukkir'ên* « je suis ayant dit, j'ai dit », *çéydirundên* « je fus ayant fait, j'avais fait », *vandiruppên* « je serai étant venu, je serai venu ». L'imparfait s'exprime par *irundên* « je fus », précédé du gérondif *koṇḍu* « ayant pris » : *vâçittukkoṇḍirundên* « je fus ayant pris ayant lu, je lisais » (voy. ci-après, *D*). Dans le langage populaire, la voix négative est souvent remplacée par le gérondif présent suivi du négatif de *mâṭṭugir'adu* « vouloir, pouvoir » : *çéyyamâṭṭên* « je ne veux pas faire, je ne ferai pas ».

Le participe présent canara est dérivé de *iruva* « qui sera » : *mâḍuttiruva* « qui sera ou qui est faisant, qui fait ».

En télinga, l'indicatif présent peut être périphrastique : *naḍutchutunnânu,* pour *naḍutchutânu* « je marche », est formé du gérondif *naḍutchutu* et de *unnânu* « je suis » (1). Un composé analogue se retrouve en malayâla, où il a un sens d'insistance : *nân naḍakkunnuṇḍa* « je marche véritablement ».

Le tuḷu a développé un plus-que-parfait et un futur antérieur en joignant au gérondif passé le passé et le futur de *uppuni* « être » : *maḷtuditte* « j'avais fait », *bûruduppe* « je serai tombé » (2).

Le kuḍagu a développé, au moyen du verbe *iru* « être », une riche conjugaison périphrastique comprenant un présent, un imparfait, un parfait, un plus-que-parfait, un futur et un futur antérieur. Il remplace le potentiel au moyen des verbes *keiyu* « pouvoir » et *ariyu* « savoir » suffixés au nom verbal en *vaku.*

---

(1) *Unnânu* se rattache à *uṇḍu* « il y a, il est », un des principaux verbes défectifs des grammairiens tamouls. Il dérive de *uḷ* « intérieur », d'où l'on a formé l'appellatif *uḷḷavan, uḷḷan, uḷan* « celui qui est » et *uḷên* « je suis », *uḷây* « tu existes », etc. (voy. ci-après § VIII). Ce radical se retrouve dans toutes les langues dravidiennes : en tuḷu, on a *uḷḷe* « je suis », etc.

(2) Le tuḷu possède un potentiel impersonnel formé par la combinaison du gérondif présent avec les particules *oli* ou *bôḍu : malpoli, malpoḍu,* « je peux faire » ou « tu peux faire », etc. — Il a également ment un conditionnel très-curieux qui paraît constitué par la combinaison des deux suffixes du présent (ou futur) en *v* et du passé en *d ; paṇutve* « je dirais », *bûrudvaya* « tu ne tomberais pas », etc.

Le tuḍa a un parfait négatif composé d'un auxiliaire
et du gérondif présent : *âṭa gertheni* « je n'ai pas dansé ».

D. — *Nuances de sens verbal.*

Je me bornerai à donner quelques exemples pour le
tamoul, où ces formes sont plus abondantes et plus caractéristiques.

1º *Koḷḷugir'adu* « prendre », avec le gérondif passé,
donne au verbe le sens de la voix moyenne : *éjudikkoḷ-
ḷugir'ên* « j'écris pour moi » (1) ;

2º Le gérondif de ce verbe *koṇḍu* « ayant pris », avec
varugir'adu « venir » ou *irukkir'adu* « être », forme un
continuatif : *paḍittukkoṇḍirukkir'ân* « il étudie incessam-
ment », *piṭcheikoḍuttukkoṇḍuvarugir'ân* « il donne fréquemment l'aumône. — Le continuatif du tuḷu est formé
de *uppuni* « être » et d'un gérondif en *oṇḍu* (2) : *maḷ-
toṇḍuppudji* « je ne fais pas habituellement » ;

3º *Varugir'adu* seul forme un continuatif ;

4º *Pôḍugir'adu* « poser, jeter » donne au verbe un
sens essentiellement objectif ;

5º *Viḍugir'adu* « laisser » indique que l'action du verbe
principal est tout à fait limitée, terminée : *anuppiviṭṭên*
« j'ai tout à fait envoyé » ;

6º *Pogir'adu* « aller » s'emploie également dans le sens
d'achèvement.

(1) Le tuḷu fait son moyen en *oṇu* : *âye tanŭkŭ tânê ḳâkonde* « il
se bat lui-même ». Cet *oṇu* se rattache vraisemblablement à la racine
générale dravidienne *oḷ, uḷ* « vie, intérieur, existence ».

(2) Ces formes en *oṇḍu*, avec *uppuni* « être », sont les correspondantes de celles tamoules en *koṇḍu* avec *irukkir'adu*.

§ VIII. — Conjugaison nominale.

Dans toutes les langues dravidiennes on trouve des traces d'une ancienne habitude extrêmement logique, mais généralement inconnue et inusitée dans les dialectes modernes. Elle consistait à former des composés spéciaux par l'union des suffixes pronominaux du verbe à des noms quelconques ; l'expression résultante prend le sens verbalisé du substantif, rapporté à une personne subjective. De *bon* on fera *je suis bon*, de *poitrine* on fera *j'ai une poitrine ;* le nom verbisé peut, du reste, être susceptible de recevoir ou de conserver toutes sortes de compléments. En ajoutant au mot *front* le signe de *tu*, par exemple, dans la phrase suivante : *le front brillant qui resplendit comme le soleil*, on a l'expression verbale *tu as un front brillant qui resplendit comme le soleil*. Ce sont de pareilles expressions que les Tamouls appellent *vin'eikkur'ippu* « signes verbaux » ; d'autres grammairiens les ont appelés *noms conjugués ;* M. Caldwell préfère avec raison l'appellation de Beschi, *verbes appellatifs* (voy. ci-après, § X). Exemples : de *nal* « bon », on fait en tamoul *nal-l-ei* « tu es bon » ; de *kavi* « poète », on dérive en télinga *kavi-vi* « tu es poète » ; en khond, on a de même *negg-âmu* « nous sommes bons ».

Les signes pronominaux peuvent être joints au thème nominal ou bien à sa forme adjective ou oblique ; cette forme est en *iya* pour les noms de qualité tamouls ; mais alors l'*a* tombe souvent : *nall-adu* ou *nan'd'u (l + d = n'd')* « c'est bien ». Pour les noms en *am*, l'oblique est en

attu ; de *maram,* on fait *marattadu* « c'est dans l'arbre » ;
pour la plupart des substantifs, il est en *in :* on dit *konên*
ou *kôn-in-ên* « je suis roi ». La troisième personne singulière en *du* est susceptible de divers changements euphoniques ; la strophe suivante, composée par un grammairien,
en donne des exemples caractéristiques :

> *Vet'pit't'êçémpon'virikaḍat't'évenmutta....m*
> *Pot'pit't'ámpúmugeittéténinimei....kat'pit't'ê*
> *Pennajagunallar'attépêrâpporulin'ba......ń*
> *Kannajaguçéytayeittêkâ................n*

« L'or pur est dans la montagne ; les blanches perles
sont dans la vaste mer ; le doux miel est dans les boutons de fleurs qui sont superbes ; la beauté des femmes
est dans la chasteté ; le plaisir et les richesses éternelles
sont dans la bonne charité ; la beauté des yeux est dans
les services qu'on a rendus ».

Autres exemples : *yâmileiyam* « nous sommes jeunes »
(*Nâlaḍiyâr,* II, 9) ; *kâdalei* « tu es aimée » (*Kur'al,* CXII,
1) ; *nan'n'írei* « tu as une bonne nature », et *mén'n'íral*
« elle a une nature délicate » (*Kur'al,* CXII, 1), etc.

La strophe suivante des *Kur'al* (LII, 7) offre un exemple
remarquable :

> *An'bar'ivutêt't'amavâvin'meiyinnângê*
> *Nan'guḍeiyân'kattêtéli...........vu*

« La clarté se trouve chez celui qui possède bien ces
quatre qualités : l'affection, la sagesse, la certitude et
l'absence de désirs ». *Uḍeiyân'kattu* « elle est chez celui
qui possède » est formé, par le suffixe de troisième personne *du,* du suffixe locatif *kan* « lieu, place, œil, dans ».

L'appellatif formé de la négative se trouve joint même à l'appellatif verbe : *kodiyeiyaleinî* « tu n'es pas cruel, toi ». (*Râmâyana*, I, xvi, 54). Le sens littéral est : « tu n'es pas toi qui es cruel » (§ IX).

On peut assimiler à un appellatif-verbe certains composés formés par l'addition des suffixes personnels au gérondif négatif : *ar'iyâdâr* pour *ar'iyâr* « ils ne sauront pas » ou « ceux qui ne savent pas » ; *çéygalâdâr* (*Kur'al*, iii, 6) « ceux qui ne feront pas » ; *navit't'âdâr* « ceux qui ne diront pas » (*Çindâmani*, VI, 56).

Nous avons vu plus haut que ce phénomène n'est pas spécial au tamoul, et que des exemples s'en trouvent même en khond. Le télinga ne forme guère de pareils dérivés que pour les premières personnes singulières et plurielles et pour la deuxième personne singulière, à l'aide des affixes *ni* ou *nu*, *vi* ou *vu* et *mu*. Suivant les règles d'harmonie propres à cet idiome, il emploie *ni* et *vi* avec les thèmes en *i*, et *nu*, *vu*, avec ceux terminés autrement (*nu*, *vu*, pouvant devenir alors *anu*, *avu*). *Mu* ne varie pas, parce qu'il est toujours joint au suffixe de pluralité. Exemples : *tandri-ni* « je suis père », *talli-vi* « tu es sa mère », *kâpu-nu* « je suis un habitant », *sevakuda-vu* « tu es un serviteur », *mańtchivâra-mu* « nous sommes bons ». Pour rendre ces formes négatives, on ajoute *kânu* « je ne suis pas » (tam. *âgên*) : *nênu kavini kânu* « je ne suis pas poète », c'est-à-dire « je ne suis pas moi qui suis poète » (voy. § IX).

Il en est de même en canara, du moins dans l'ancien dialecte. La grammaire indigène de Kêçirâdja (*Çabdamanidarpana*, publiée à Mangalore, par M. Kittel, en 1872) dit expressément (str. 219) qu'on peut joindre les affixes

personnels aux adjectifs, aux noms de nombres, aux pronoms, aux substantifs. Exemples : *orvenu, orvay, orvam,
orvevu, orvir* ou *orvarir, orvar* « je suis un, tu es un », etc.

§ IX. — DÉCLINAISON VERBALE.

J'entends par déclinaison verbale l'addition à une forme
verbale des suffixes de la déclinaison nominale ou de
suffixes ·analogues. Il faut distinguer deux cas : celui où
la forme verbale est impersonnelle, c'est-à-dire où il s'agit
seulement des participes ou des gérondifs, et celui où
elle est impersonnelle, c'est-à-dire où il s'agit du présent,
du passé, du futur aoristique ou de la voix négative. Je
n'examinerai ici que le premier cas ; le second sera traité
au paragraphe suivant.

Les formations dont nous allons nous occuper ont pour
but d'exprimer les relations rendues en français par nos
conjonctions *si, quand, pendant que, quoique,* etc.

a. Le *si* conditionnel se rend en tamoul de quatre
façons différentes : la première consiste à ajouter au
radical simple le suffixe locatif *il* ou *in, çéy-y-il* « si l'on
fait », *var-in* « si l'on vient », *nân çol-l-il* « si je dis »,
nî vîjil « si tu tombes », etc. On trouve dans les auteurs
des formes dérivées du radical de l'aoriste : *nineippin*
« si l'on pense » *(Çindâmaṇi), mar'appin* « si l'on
oublie » (*Kur'al,* CXIII, 5), *çélgit'pin* « si l'on arrive »
(*Kur'al,* CXVII, 10). — La seconde est caractérisée par
l'addition de *âl* ou *êl,* soit au radical du prétérit, soit aux
formes personnelles ; on dira, par exemple, *nân çéydâl*
« si je fais », et *çéygindênêl,* de même sens ; *nî çéydâl* « si
tu fais », et *çéydaneiyêl* « si tu as fait », *avâniṅgâdêl*

« si le désir ne s'éloigne pas » (*Çindâmaṇi*, VI, 23), *kêṭ-ṭirêl* « si vous avez entendu » (*Râmâyaṇa*, VI, XXVI, 30). M. Caldwell voit dans cet *âl* le suffixe instrumental « par ». — La troisième forme est composée du participe relatif passé et de *kâl* « temps » (sk. *kâla*) ou « lieu » : *avan' çéydakkâl* « s'il fait » ; on joint aussi *kâl* au participe futur : *nâm çolluṅkâl* « si ou quand nous disons » (1). — La quatrième forme est périphrastique et consiste dans l'addition de *âgil, âyil, âyin, ânâl* (contracté de *âginâl* pléonastique) « si l'on devient » aux formes personnelles : *çéyvên-âgil* « si je ferai, si je peux faire » (proprement « s'il arrive que je fasse »).

Le télinga rend le *si* par plusieurs procédés correspondant à ceux du tamoul. Le premier est l'addition de *ina* au radical : *tchûtch-ina* « si l'on voit » (tam. *il* ou *in*). Le second consiste à suffixer *êni* aux formes personnelles : *tchêyitim-êni* « si nous avons fait » ; *êni* est une contraction de même sens que le tamoul *âyin*. Le troisième, et le plus commun, ajoute *ê* au radical du prétérit. M. Clay assimile cet *ê* à l'interrogative ; peut-être n'est-ce qu'une réduction de *êl*.

Le canara a une forme principale en *re*, *banda-re* « s'il est venu ». Ce *re* est pour M. Gundert l'abrégé de *âre*, tam. et mal. *âr'u* « voie, moyen » (2).

---

(1) Ces formes du passé avec *kâl* sont les seules connues du tamoul vulgaire, où elles se prononcent, suivant la remarque de M. Caldwell, avec l'accent sur la pénultième et avec perte du *l* final : *nân pônakkâl* devient *nân pônákkâ* « si je vais » ; *â* se corrompt même en *i*, *pônákki*.

(2) Le soi-disant infinitif-supin du tuḷu, *malpe-re*, aurait-il une origine analogue ?

Le tuļu ajoute *ḍa* aux formes personnelles affirmatives et négatives : *maļpuveḍa* « si je fais », *maļpudjeḍa* « si je ne fais pas » ; *bûriyarŭ* « vous tombiez »; *bûriyarŭḍa* « si vous tombiez ». Ce *ḍa*, suivant M. Caldwell, doit, par analogie, être un suffixe locatif (1).

Le tuda a les expressions *pôk-âdi* et *pok-ârch* « s'il va, si l'on va ». M. Pope voit dans les finales *âdi* et *ârch* des corruptions du canara *are* et du tamoul *âl*.

b. Quoique est rendu par les formes de *si* augmentées de la copulative *um* « et » en tamoul : *çeyļâl-um* « quoi-qu'on fasse, quand même on ferait », etc. Le canara fait *rû (re + û* « et ») et *âgyû (âgi* « étant devenu » + *û*).

c. Quand, lorsque, puisque, s'exprime par le mot *uji* ou *uļi* « lieu, place », joint aux gérondifs passés en *u* : *nânaḍappuji* « tandis que je marchai », *nî çéyduļi* « quand tu faisais » ; avec les verbes dont le gérondif est en *i*, cette particule se joint au radical : *vêṇḍuji* « quand il est nécessaire ». Le tamoul vulgaire emploie les formes en *kâl* citées ci-dessus ; mais il se sert plutôt de *pôdu* ou *pojudu* « temps », avec le participe relatif passé : *avaļ vanda pôdu* « quand elle vint ». Des constructions analo-gues se retrouvent en malayâla, en canara, en télinga ; en tuļu même on ajoute *aga* au radical : *maļpunaga* (*n* euph.) « quand on fait, *when making* ». Le tuḍa a aussi des formes correspondantes, *atham kuḍâ vaļi* « quand il se maria » ; ici *kuḍâ* est un gérondif, et *vaļi* (can. *vêļe*, tam. *vêļei*, sk. *vêļâ*) veut dire « temps ».

____

(1) La troisième personne singulier neutre du parfait *maļtŭṇḍa* (pour *maļtŭṇḍŭ* + *ḍa*) sert ordinairement pour tous les temps et pour toutes les personnes.

d. J'arrête ici cette étude des particules jouant le rôle de nos conjonctions ; mais il y en aurait encore bien d'autres à citer. En tamoul *mun* « avant » joint au participe futur, *pin* « après » joint au participe passé, *vareiyil* (dans l'espace) « tandis que » et *vareikkum* (pour le temps) « jusqu'à ce que » avec le participe présent, *poruṭṭu* (cause) « afin que » avec le participe futur, etc.

Sans, avec l'infinitif, ne s'exprime pas seulement en tamoul par le gérondif négatif, mais aussi par les prépositions négatives *an'd'i, in'd'i,* avec le gérondif passé positif : *muḍittan'd'i* « sans terminer », *kon'd'in'd'i* « sans tuer » (*Râmâyaṇa,* VI, xxv, 49, 129).

J'ai dit plus haut que le gérondif en *pâkku* est peut-être un gérondif ou un nom verbal en *pân* au datif ; *pât'ku* puis *pâkku* (1).

§ -X. — Noms appellatifs.

Les grammairiens tamouls européens nomment ainsi certaines formes nominales dérivées, soit de substantifs, soit de pronoms, soit de verbes, et essentiellement per-

(1) Ce qui me confirmerait dans cette opinion, c'est l'emploi de formes telles que *çéygiradat'ku* avec le sens de « pour faire, afin de faire ». C'est le datif du nom verbal participial masculin, pris dans un sens abstrait et neutre ; la distinction des sexes ne doit pas être très-ancienne en dravidien. On sait qu'en vieux tamoul bien des mots ont des formes doubles : on trouve dans les anciens écrivains *tévu* et *araçu* sans terminaisons sexuelles, au lieu des plus modernes *araçan'* « roi » et *tévan'* « dieu » à finale masculine ; des mots neutres en *am* varient leur finale en *an'*, suffixe essentiellement masculin : *ar'an'* = *ar'am* « vertu », *palam* = *palan'* « profit, fruit », etc.

sonnelles, c'est-à-dire désignant un être animé : par exemple *archer*, d'arc ; *montagnard,* de montagne ; *bossu, marchand, lecteur, courtot,* etc. Nous ne pouvons nous occuper ici que des appellatifs formés des verbes : il faut pourtant signaler quelques formes pronominales intéressantes.

De l'oblique des pronoms personnels pluriels, avec les terminaisons *an, al, adu, ar, a,* on dérive des mots ayant le sens des *nostras, vestras, nostrates,* etc., latins : par exemple, *tamar* « les siens propres » (*Naichadha*, XI, 22), *numar* « les vôtres » (*Kur'al,* CXXXII, 8), *tama* « ses affaires » (*Kur'al,* XXXVIII, 6) ; *tâm* « soi-même » pouvant être explétif, on trouve dans le *Çindâmani* le mot *kôn't'amar* « les gens du roi ».

Les appellatifs se forment des verbes en ajoutant aux radicaux des temps les terminaisons *ân, avan, ôn,* masc.; *âl, aval,* fém.; *adu,* neutre ; *âr, avar,* plur. masc. et fém.; *avei, ana, a,* plur. neutre : *çéyvân* « celui qui a coutume de faire », *vandaval* « celle qui est venue », etc. Avec les formes brèves, que M. Caldwell appelle très-justement « noms participiaux », le signe *v* du futur se durcit en *b* : *çéybavan* « celui qui fait », *êngubavan* « celui qui se désole » (*Kur'al,* CXXVII, 9) ; *ôn* correspond à notre « eur » : *çeyvôn* « faiseur », *igajgit'pôn* « le mépriseur » (*Prabhulingalîlâ,* X, 40). Une forme spéciale, masculine et féminine, en *i,* dérive, soit du radical futur, soit du radical verbal : *ungi* « mangeur », *tulli* « sauteur », etc.

Les formes en *ân, âl,* etc., ne sont que les troisièmes personnes ordinaires substantivées. On trouve de même *êt'kunar* « ceux qui mendient » (*Naichadha,* XI, 23), *enma rumular* « il y a même (des gens) qui disent » (*Nannûl,* passim).

De la même manière peuvent être substantivées et par
suite déclinées toutes les formes verbales : *çéydên* « j'ai
fait », *çéydênukku* « à moi qui ai fait ». Voici quelques
exemples caractéristiques : *éyttênuyirkâttal* (*Naichadha,*
XXIII, 22) « garder la vie de moi qui suis tombé en défaillance », *un'n'eiyêpugalpukkênukkur'ukan* « approche-toi
de moi qui ai pénétré jusqu'à toi » (*Râmâyana,* I, VI, 30),
çârndâykku (*Nâladiyâr,* XIII, 6) « à toi qui es venu »,
tûyeiyây (*Prabhulingalilâ,* X, 46) « devenu toi qui es
pur ».

Les appellatifs-verbes (voy. § VIII, ci-dessus) sont également susceptibles de déclinaison : *vîn'eiyên'ojiya* (*Çindâmani,* VI, 106) « en me laissant moi misérable », *por'iyi-
lêntaneinîngavô* (*Naichadha,* XXII, 13) « t'éloignant de moi
ignorante ». On trouve même substantivées certaines formes
pléonastiques d'appellatifs-verbes : *adiyanêntaneiyeiyur'êl*
« ne doute pas de moi qui suis ta servante » (*Naichadha,*
XXVII, 31) ; *pâviyênmugam* « le visage de moi pêcheur »
(*Naichadha,* XXIV, 12).

Toutes ces formes, ainsi conjuguées, sont susceptibles
de compléments, de régimes directs ou indirects :

Marudarumanattin'ên'ukkinidan'd'ôvâjvuman'n'ô

« A moi, dont l'esprit est troublé, la vie n'est certes
pas douce » (*Râmâyana,* VI, XXXII, 111).

On trouve beaucoup de ces formes au vocatif : *têvarîr*
« vous qui êtes dieu » (avec *dieu* honorifiquement au
pluriel), *çâmiyîr* « vous qui êtes seigneur », *kuruçilôy*
« ô toi qui es roi » (*Naichadha,* XXII, 13) ; et même
iruvîr « vous deux » (*Naichadha,* IV, 121). L'exemple sui-

vant, tiré du *Çindâmani* (III, 251), est remarquable par l'abondance des compléments :

Kuṅgumakkujaṅgan'mâleimalluppûttagan'd'amarbîr

« O vous dont la vaste poitrine, épanouie et robuste, est ornée de belles guirlandes de fleurs de safran ».

Le mot ordinaire « tout », *ellâm* (forme adj. *ellâ*), a d'intéressants dérivés appellatifs susceptibles de déclinaison et de conjugaison : *éllâm* ou *éllôm, élâm* ou *élôm* « nous tous », *éllîr* ou *élîr* « vous tous », *ellâr* ou *élâr* « eux tous », etc.

Parmi les expressions à signaler, il ne faudrait pas oublier celles formées par *at't'u*. Cette particule a le sens de « il est comme, il est semblable à » ; c'est l'appellatif verbe neutre de la troisième personne de *an'*, radical de *an'n'a, an'eiya* « pareil à, semblable à ». Il peut être joint à l'oblique des noms (Cf. *Kur'al*, XXII, 7 : *marattat't'u* « il ressemble à un arbre »), ou aux gérondifs passés :

Iniyavuḷavâgavin'n'âdakûr'al
Kaniyiruppakkâykavurndat'tu

« Dire des choses amères quand on en a de douces dans le cœur, c'est cueillir des fruits verts quand il y en a de mûrs » (*Kur'al*, x, 10). — Cf. *vêṭṭat't'u* (*Kur'al*, cxv, 5) « il est pareil à ce qui est agréable ».

Ces exemples me paraissent suffisants, et je ne m'arrête pas davantage sur ce sujet. Je ne crois pas utile de signaler les formes correspondantes des autres langues congénères.

§ XI. — Noms verbaux.

Les grammairiens désignent particulièrement ainsi des noms dérivés des verbes et indiquant simplement l'action : le lire, le manger, l'action de courir.

Les deux formes les plus générales en tamoul sont en *gir'adu* (*kkir'adu* pour les transitifs) et en *dal* (ou *ttal*), ajoutés au radical : *çéygir'adu* « le faire », *paḍikkir'adu* « le lire », *pôdal* « l'aller », *ureittal* « le parler ». Les intransitifs ajoutent quelquefois simplement *al* au radical : *çéyyal* « le faire », *nîkkal* « l'éloigner ». Les verbes en *l* font, avec *dal*, *r'al* ; ainsi le radical *kanal* « brûler » fait *kanar'al* pour *kunaldal* ou *kanaludal* (*u* euph. de liaison) ; on trouve quelques exemples de noms verbaux dérivés des gérondifs : *en'd'al* « le dire », *kan'-an'd'al* « le brûler » ; enfin *dal* s'affaiblit quelquefois en *çal* : *iḍiçal* « l'action de se détruire ».

Ces formes en *al* servent à rendre certaines nuances modales ; augmentées de *âm* (pour *âgum*, troisième personne future de *âgir'adu* « devenir »), elles constituent une sorte de potentiel : *çéyyalâm* « on peut faire », *mojiyalâm* « on peut dire ». Avec *um* « et », elles remplacent les gérondifs : *en'd'alum* « en disant, après avoir dit », *vanaṅgalum* « en venant d'adorer ». On emploie aussi, dans ce sens, leur instrumental en *ôḍu* « avec », augmenté généralement de la conjonctive *um* : *varalôḍu* « en venant, avec le venir », *én'd'alôḍum* « quand il eut dit, avec le dire ».

Pour ne pas allonger démesurément ces notes, je laisse

de côté tous les autres noms dérivés verbaux. Les plus usités sont en *gei (kkei), gugei (kkugei), vu (pu)* : *naḍak-kei, naḍakkugei, naḍappu* « l'action de marcher, la marche ». Mais il est une forme que je dois signaler : c'est un nom verbal d'une espèce particulière dérivé, par le suffixe d'action *mei,* du participe présent, du participe passé et du participe négatif : *çéygir'amei, çeydamei, çeyyâmei ;* le dernier est très-usité. Le dérivé du participe passé, à l'instrumental, rend notre « parce que » : *avan'-aduçéydameiyâl* « par-le-avoir-fait-cela-lui », c'est-à-dire « parce qu'il a fait cela ».

Les appellatifs verbes neutres en *adu* servent de noms verbaux ; *nôvadu,* par exemple, se prendra pour « le souffrir » ; cette forme pourra donc avoir, suivant les cas, l'une des trois significations : « cela souffre, ce qui souffre, le souffrir ». Cf. *Ajuṅguvadennei* « pourquoi pleurer ? » (*Çindâmaṇi,* VI, 126).

Le nom verbal en *al* sert souvent d'optatif ; le plus habituellement, il est pris avec le sens négatif : cf. *Râmâyaṇa* (I, VI, 29) : *man'n'anîvarundal* « ô roi, ne te désole pas ». Il faut voir simplement ici le radical et la négation *al.*

Le télinga a des noms verbaux en *ta, damu* et *êdi :* *pampu-ta, pampa-damu* ou *pamp-êdi* « l'action d'envoyer ». *Ta* correspond au tamoul *dal ; êdi* paraît formé du pronom *adi* « cela » et correspond par suite à la terminaison tamoule *adu.* Le négatif est en *mi : pampa-mi* « l'action de ne pas envoyer » ; ce *mi* représente le *mei* tamoul.

En canara, on dérive les noms verbaux par les terminaisons *uvadu, vudu, ôṇa, ke ; bareyuvadu, barevudu,*

bareyôṇa « l'action d'écrire », *mâḍuvike* ou *mâḍike*
« l'action de faire », etc. Le négatif est en *me*.

Le malayâla a des noms participiaux en *ma* correspond
à ceux du tamoul en *mei ;* il suit d'ailleurs généralement
le tamoul.

Le tuḷu a les noms participiaux *maḷpunâye* « celui qui
fait », *maḷtinâḷǔ* « celle qui faisait », *maḷtǔdinavu* « cela
quî a fait », et *maḷpandinâkǔlǔ* « ceux qui ne font pas ».
Quant aux noms verbaux, il a *maḷpuni* « faire », *maḷtini*
« avoir fait » et *maḷtǔdini* « avoir éu fait ».

Les noms verbaux du kuḍagu sont en *vaku*, *mâḍuvaku*
« faire » ; c'est du moins la forme de l'infinitif donné par
M. Cole.

§ XII. — Conclusion.

La conclusion qui se dégage, ce me semble, de l'étude
qui précède me paraît être la suivante : malgré leur alté-
ration phonétique, malgré la forte décadence formelle
qu'ils ont subie, tous les éléments qui entrent dans la
composition du verbe dravidien sont nettement distincts ;
et le sentiment de leur individualité existe, inconsciem-
ment et par intuition toutefois, chez ceux qui parlent. Les
langues dravidiennes sont donc au premier rang des langues
agglutinantes.

Il résulte aussi de l'examen auquel nous venons de
nous livrer que la distinction du nom et du verbe n'existe
pas à proprement parler dans ces idiomes dont la conjugaison primitive était excessivement simple. La modalité
de l'idée verbale n'y était pas soupçonnée ; les temps

s'y réduisaient à deux : un passé et un présent ou futur aoristique, dont le premier seul avait une signification nette et précise. Quant aux voix dérivées, le tuḷu seul en possède quelques-unes, et la seule générale est la causative qui se rattache au futur ; cette exception, pas plus que celle du gônd, dont la conjugaison est particulièrement riche (je n'ai pu l'étudier encore, faute de livres), ne saurait prévaloir contre l'unanimité des idiomes congénères.

En résumé, le tamoul a été arrêté dans son développement formel, ou, si l'on veut, est entré dans la vie historique, presque au sortir de sa période monosyllabique primitive et au début de sa phase agglutinative de son existence.

On me permettra, à titre de spécimen, de reproduire ci-après une même phrase en tamoul, canara, kuḍagu et télinga. Je l'emprunte à la *Coorg Grammar* du colonel Cole :

« La pluie paraît très-forte ; ne cessera-t-elle pas bientôt » ?

Tamoul : *majei migavum balamây agap paḍugir'adu ; çurukkamây nit'ka mâṭṭâdô ?*

Canara : *maḷé bahaḷa bulavu embadâgi kânutte ; îga nilluvadillavô ?*

Kudagu : *male dûta djorundu kâmba ; ikka nippadilliya ?*

Télinga : *vâna tchâna balam ani agupaḍuttunnadi ; vêgira nilavadô ?*

En tamoul vulgaire parlé, on prononcerait : *majë* (*j* français) *rômbo balamây ampaḍadü ; churukkây* (*ch* allemand doux) *nikke* (*eu* bref) *mâṭṭâdô ?*